# 心中的方志敏

"重走志敏之路·弘扬长征精神"读书征文活动优秀作品选

本书编委会◎编

江西人民出版社
Jiangxi People's Publishing House
全国百佳出版社

# 《心中的方志敏》编委会名单

▲2016年10月12日，《为了可爱的中国——诵读方志敏》图书首发仪式在弋阳县方志敏纪念馆举办，江西省委宣传部副部长黎隆武在首发仪式上致辞

◀方志敏烈士的后代方丽娜出席首发仪式

在庄严的方志敏纪念广场，60名学生代表集体诵读方志敏著作《可爱的中国》（节选）

《为了可爱的中国——诵读方志敏》的作者张江生和程小波在上饶市第一小学举行讲座

《为了可爱的中国——诵读方志敏》的作者张江生和程小波在鄱阳县游城中心学校举行宣讲会

①

③

②

④

⑤

⑥

①②③《为了可爱的中国——诵读方志敏》的作者杨子耀和管建军在横峰葛源中学举行讲座

④作者管建军在横峰葛源中学给学生签名

⑤四位作者与方志敏希望小学的学生合影

⑥作者管建军、张江生、杨子耀、程小波（从左到右）在横峰葛源纪念馆

《为了可爱的中国——诵读方志敏》的作者张江生为师生们讲解红军北上抗日先遣队整编的历史

# 序

由上饶市委宣传部、上饶市教育局主办的“重走志敏之路　弘扬长征精神”读书征文活动，经过评委的悉心审定已落下帷幕，现将上饶市12个县（市、区）的中小学生读书感悟结集出版。这是上饶市委宣传部牵头开展的“书香上饶　全民阅读”系列活动的重要安排，是宣传方志敏革命事迹、弘扬方志敏伟大精神的重要载体，是倡导热爱阅读、崇尚学习理念，营造读书崇文、推动全民阅读的有力举措。

“倡导全民阅读，建设书香社会”是国务院工作报告提出的重要民生工程，如果说“建设书香社会”是方向，那么“倡导全民

阅读”就是路径。如何铸就这条走向精神幸福的康庄大道呢？上饶市委宣传部开展的这一系列活动就是一种有益的尝试、有效的实践。弘扬主流价值、传播文明新风、建设文化强国是我们共同的责任，需要一代又一代人接力传承、发扬光大。希望我们以本书的出版为契机，激励更多的人参与“全民阅读、书香社会”建设，进一步弘扬方志敏精神，在全社会形成知荣辱、讲正气、促和谐的良好氛围，进一步推动社会主义核心价值体系建设！

龚小春

2018 年 2 月

**方志敏（1899—1935）**出生于江西省弋阳县的一个农民家庭。1907 年开始在乡村读私塾，1910 年辍学在家务农。17 岁考进弋阳县立高等小学。高小毕业后，在南昌、九江求学。1924 年，加入中国共产党。

1927 年，方志敏在赣东北领导弋（阳）横（峰）农民暴动，是赣东北、闽浙（皖）赣革命根据地及中国工农红军第十军的创始人。

1934 年 11 月，方志敏率中国工农红军北上抗日先遣队（红十军团），执行北上抗日的使命。因敌人重兵围追堵截，遭遇失利，1935 年 1 月被俘。

方志敏在狱中坚贞不屈，坚持斗争，写下了《可爱的中国》《清贫》《我从事革命斗争的略述》等近 14 万字的文稿，为党和人民留下了一份珍贵的精神财富。

1935 年 8 月 6 日，方志敏在南昌被秘密杀害。

毛泽东同志称赞方志敏是一位“有勇气、有志气而且是很有才华的共产党员”。

# 目录

# 《少年方志敏》读后感

婺源县紫阳六小一（1）班 叶 瑄

开学时，老师发了一本新书，书的名字叫《少年方志敏》。我被书中的内容深深地吸引了。

这本书讲述了方志敏的英雄事迹。1899年8月21日方志敏出生，7岁开始放牛，8岁开始读书，1年就学完了3年的学业，1年读的书是其他学生的3倍。他还练就了一手好字，10岁就能写简单的文章。他于1924年加入共产党，1927年2月20日，在江西农民代表大会上被推选为大会主席。我很佩服方志敏，小小年龄就胸怀大志，一心想着自己的国家。他在生活上也很节约，棉被和棉衣破了，缝缝补补又用上。

方志敏在被捕之前，干了一番轰轰烈烈的革命事业，几起几落，历经坎坷，可谁又知道，身为共产党高层领导的方志敏，在被捕时竟身无分文。全身仅有一块怀表、一支钢笔。方志敏临死都依旧昂首挺胸、精神抖擞。我用“视死如归”四个字来形容他，再合适不过了。

方志敏的爱国精神，值得我学习；他的不为金钱所动，节约、爱读书、爱劳动的品质更值得我学习。我们现在虽然不为温饱问题而烦恼，但我们应该养成节约的好习惯，爱护书籍和文具，帮助家长干点活儿，做有爱心、有正义感的优秀少年！

指导老师：韩菊芳

# 甘于清贫——方志敏

余干县古埠镇中心小学二（2）班　叶子青

妈妈带我去新华书店选书，我拿起摆在书架上的一本《可爱的中国》抬头问妈妈，“妈妈，方志敏是谁啊？”妈妈摸摸我的小脑袋，微笑着说：“买一本回家读一读，你就知道了。”

我把这本书藏进怀里，心里默念着“方志敏、方志敏”，我想他一定是一个了不起的人物。当我知道他也是江西人时，不由觉着更亲切，还增添了一份自豪感。从书中我了解到方志敏一生清贫朴素，过着艰苦的生活，甘于清贫，却有着坚守信念、永不动摇的气节。

方志敏被捕那天，两个国民党士兵想从这位共产党身上搜出银圆和金条，可是“从上身摸到下身，从袄领捏到袜底，除了一只时表和一支自来水笔之外，一个铜板都没有搜出”。我还知道了他被捕后，利用敌人要他写“供词”的纸和笔，奋笔疾书，常常彻夜不眠地写作，短短六个月的时间里，写下了《方志敏自述》《我从事革命斗争的略述》《可爱的中国》《清贫》等作品。

我把这本书反反复复看了好多遍，方志敏的精神财富永远激励着我学习！

指导老师：张　练

# 方志敏烈士，您是我的楷模
## ——读《为了可爱的中国》有感

婺源县紫阳三小二（5）班　谢添韫

老师曾说过："我们今天的幸福生活是无数个像方志敏那样的烈士用生命换来的，我们要以方志敏烈士为楷模。"可是,我不明白，我们该学习方志敏烈士的什么精神呢?

今天，我看了《为了可爱的中国——诵读方志敏》这本书，我明白了。

方志敏烈士，我要学习您热爱学习的精神。您从小就懂得"玉不琢,不成器"的道理，发奋读书。您因为舍不得纸和笔，就在大石板上练字。学习时，即使小伙伴来叫您去玩，也顾不得理睬。

方志敏烈士，我要学习您的正直、敢作敢为。您看不惯富家子弟欺负穷孩子，您帮他们出气，成为孩子们眼中的“孩子王”。

方志敏烈士，我要学习您处处为他人着想的精神。当兄弟们一哄而上，争抢着最好的人丁饼时，您却把又大又好的人丁饼给了哭泣的小弟弟，为兄弟们树立了榜样。

方志敏烈士，您是我心中的楷模。我暗下决心，向您学习，长大做一个对社会有用的人！

指导老师：洪燕华

# 捡 树 叶

## ——学习“方志敏精神”有感

鄱阳乐丰新岭口教学点二年级　赵致辰

学校发了本课外书《为了可爱的中国》，里面讲的是民族英雄方志敏的故事。方志敏是一个好学上进、品德高尚的人，一个信念坚定、敢于担当的人，是值得我们学习、敬仰的人。

我们该怎么学习方志敏精神呢？

每天上学，我们都看到李老师在扫地。学校范围那么大，要把学校扫干净得花很多时间，李老师一定很辛苦！

我想起老师讲过方志敏小时候在叠山书院帮李奶奶扫花生壳的故事。对！我可以学习方志敏助人为乐的精神！大扫把我拿不动，我可以帮老师捡树叶呀！这几天，我每天都帮着捡树叶。不仅我捡，其他同学也来捡。李老师高兴地和我们打招呼，脸上满是欣慰的笑容。

方志敏懂得珍惜别人的劳动成果，我们也要珍惜李老师的劳动成果，不往地上扔一片垃圾。看，我们校园多美啊！

指导老师：胡天华

# 坚持信仰，努力前行
## ——读《为了可爱的中国》有感

玉山县逸夫小学三（3）班　韩易辰

读完《为了可爱的中国》这本书，我被方志敏的种种英雄事迹深深感动着。

“朋友！中国是生育我们的母亲。你们觉得这位母亲可爱吗？我想你们跟我一样觉得这位母亲是蛮可爱蛮可爱的。”读到这里，我觉得方志敏离我好近好近。原来对祖国的热爱可以用这么充满童趣的语言表达出来。方志敏把祖国当成自己的母亲来爱护，难怪他能这么勇敢！他这种爱国主义精神值得我们每一个人学习。

我敬佩方志敏，因为他面对敌人的诱逼坚贞不屈，因为他认定“我们信仰的主义，乃是宇宙的真理”。什么是信仰？为什么说我们信仰的主义，乃是宇宙的真理。读到这里，我产生了疑问。于是我问妈妈，妈妈严肃而认真地说：“信仰是一种人生追求，信仰是梦想。人有了追求、有了梦想，就有了前进的动力；有了前进的动力，就能为之不懈地努力。只有为追求梦想不懈努力的人才能取得最终的成功。”是的，方志敏正是因为从小就有着实业救国的梦想，所以他的种种事迹才能影响并激励着一代又一代中国人奋勇前行。

可是，一直以来我从没有认真想过我的信仰是什么，我总是为了能多看一会儿电视、多玩一会儿手机跟妈妈讨价还价。我觉得自己真是太不对了！从今天开始，我不再痴迷于电视节目和手机游戏；从今天开始，我要努力让自己变得更优秀；从今天开始，我要向方志敏学习，尽快找到自己的信仰，并且不断地努力实现它。

今天，方志敏憧憬的光明前途已经在祖国母亲的大地上实现了。但我想，每一位中华儿女，不论何时，不论何地，都要深深地热爱自己的祖国母亲，并且为了自己的爱，为了自己的信仰，尽最大的能力奉献自己的光和热！

指导老师：张　敏

# 一座屹立不倒的丰碑
## ——《为了可爱的中国》读后感

玉山县逸夫小学三（5）班　苏心怡

前几天，我读了《为了可爱的中国》这本书，读罢掩卷长思，感触良多。

这本书着重向我们介绍了方志敏烈士的事迹，这位普通的江西上饶人，是一位杰出的共产党员，是我们的骄傲。他在被俘时，身上仅搜出一支钢笔和一块怀表。这种清正廉洁的品质岂是那些国民党士兵所能想到的。方志敏虽然牺牲得早，但是他的精神却激励着我们一代代的共产党人，正是有着千千万万方志敏这样的共产党人，才能打败那强势的国民党反动派，才有了我们新中国的成立！方志敏的坚强不屈、清贫廉洁，宛然就是我们中国人心中一座屹立不倒的丰碑！

当今，我们的国家在中国共产党的领导下，正呈现出一派欣欣向荣的景象，经济发展速度高居世界前列，人民生活水平蒸蒸日上，正如方志敏在《可爱的中国》一文所说的："到处都是活跃跃的创造，到处都是日新月异的进步，欢歌将代替了悲叹，笑脸将代替了哭脸，富裕将代替了贫穷，健康将代替了疾苦……"我们的国家已傲然屹立于世界之林了！

我现在还是小学生，是祖国的花朵，是祖国的未来，我一定会在方志敏精神的指引下，树立远大的理想，培养良好的习惯，努力学习，掌握更多的知识，把我们可爱的祖国建设得更加美丽，让我们可爱的祖国更加强大！

指导老师：罗嗣明

# 《可爱的中国》读后感

广丰区嵩峰小学四（2）班　徐瑜涵

2017年是中国共产党建党96周年。想到党，就想到抗日战争，就想到那些为了祖国母亲抛头颅、洒热血的烈士们。这时，一本书的名字自然地浮现在我的脑海中——《可爱的中国》。

这是一本在监狱中完成的书，它的作者是革命烈士方志敏同志。方志敏烈士生长在灾难深重的旧中国，为了拯救祖国，参加了革命，不幸被捕。他在狱中宁死不屈，并且写文章号召全国人民一起来保护祖国母亲。

他用美好的语言描绘着我们的祖国："中国是生育我们的母亲……是一个身体魁大、胸宽背阔的妇人……我可以说，不但是雄巍的峨嵋，妩媚的西湖，幽雅的雁荡……美丽的母亲，可爱的母亲！"全书洋溢着为国为民献身的爱国主义思想，表现出中国共产党人英勇无畏的精神和坚定不移的意志，书中"滚烫的文字令人血脉贲张，是一个极富感召力的红色文学经典作品"。

想到这，我不禁掩卷深思：我们的祖国母亲曾经伤痕累累，千万个像方志敏一样的烈士为国捐躯了，他们用鲜血染红了五星红旗。如果没有像方志敏这样忧国忧民、为国捐躯的革命烈士们，怎么会有我们现在强大的祖国和美好的生活呢？

一本薄薄的《可爱的中国》深深地吸引着我、打动着我、激励着我，我暗下决心，一定秉承革命先烈们的遗志，好好学习，天天向上，早日成材，报效祖国！

指导老师：吕玉军

# 满怀爱国情，誓立报国志！
## ——读《可爱的中国》有感

德兴铜矿第一小学五（1）班　周世杰

《可爱的中国》是方志敏在狱中所写。

北上抗日时，因为叛徒出卖，在皖浙赣交界处的陇首村，方志敏不幸被捕。敌人一直希望方志敏投降，但他宁死不屈。于是他们用金钱、亲情、官位等手段来劝降……但还是没得到我党的任何信息。无奈，国民党强迫方志敏写口供，于是他趁此机会写下《清贫》《可爱的中国》《狱中纪实》等作品，这一切的一切，都是为了可爱的中国！

作品当中,《可爱的中国》全文用“朋友”来与我们交谈。在这篇文章中，每一页、每一句、每一字都充满了方志敏对祖国的热爱。

为了抗击敌人，为了唤醒中国人，方志敏在冰冷的监狱里写下这篇文章时，不知晕过去了多少次！方志敏在残酷折磨和严刑拷打下还不忘为祖国担忧：中国人民一定要团结一致来保卫祖国，将帝国主义者赶出中国！

读完《可爱的中国》后，我心中充满了愤怒。

敌人的无知让我感到十分可笑，他们的无情更是让人愤恨！在同一位母亲的怀抱中长大，一样沐浴着母亲无私的爱，一样流淌着母亲身上的血液，为什么一个在用自己的生命保护母亲，一个在拿着刀狠狠地戳在自己母亲的身上？难道国民党军队就忍心将养育自己的祖国拱手让给日本帝国主义侵略者吗？

我想，我们可爱的祖国母亲，看到这一幕时肯定也“涕泪满衣衫”，既是被像方志敏一样爱护自己的人感动得流泪，也是为国民党军队的背叛流下伤心的泪水！

读完这篇文章，我震撼了。

方志敏只是一名普普通通的“母亲的孩儿”，但他始终有着远大的抱负和理想。面对帝国主义侵略者的侮辱，他没像有些人那样阿谀奉承，而是坚定地想：“不错，目前的中国，固然是江山破碎，国弊民穷，但谁又能断言，中国没有一个光明的前途？”没错，谁又能断言呢？现在的中国，不是也一直随着时代的进步而进步吗？

方志敏的愿望实现了。睡狮的眼睛睁开了！帝国主义的锁链已经斩断了。而今，祖国母亲，已经与世界上的各位母亲平等携手了！

“少年智则国智，少年富则国富，少年强则国强。”新世纪的我们一定要满怀爱国情，誓立报国志！

方志敏烈士，您安息吧！一切为国抛头颅洒热血的先辈们，你们安息吧！

指导老师：周桂英

# 方志敏精神与希望同在，与我们同在

横峰县葛源中心小学五（1）班　陈锦鸿

岁月无痕，在似水流年的时光中，有许多事情都与我们擦肩而过，可有些事、有些情怀却是那么刻骨铭心，挥之不去。

方志敏出生在灾难深重的旧中国，为了拯救祖国，他参加了革命；为了建设家园，他远离了家人。在他心里，全国受苦受难的人民群众都是他最亲最爱的人。

当我拿起《可爱的中国》这本书，怀着对方志敏的崇敬细细品读时，内心是感慨万千的，热血沸腾的，更是无比骄傲的。中国是可爱的，我心中的英雄——方志敏也是可爱的！面对冰冷的铜墙铁壁，在生与死的抉择下，在高官厚禄的诱惑下，在骨肉亲情与共产党事业的碰撞下，他坚定不移地守着灵魂深处的信念和希望。是他让我深深地体会到什么才是共产党人的追求，什么才是共产党人的品格，什么才是共产党人的信念！无数共产党人前赴后继，用自己的热血和信念铸就了最坚强、最可爱的中国。如今，我们在这条幸福辉煌的大道上回望曾经最坚强、最可爱的他们，心中满是对他们的敬与爱，和对祖国未来的美好希望！

作为一名学生，重温方志敏烈士的《可爱的中国》，我依旧能感受到他高尚的人格、博大的胸怀和对党无限的忠诚，以及他带给全中国人民生生不息的希望！这是一种力量，是在困境中教育我们迎难而上、自强不息的力量；这是一种情怀，一种爱国爱家、爱民爱众的情怀；这是一种精神，一种深入骨髓、升华灵魂的精神……我相信：方志敏精神一定与希望同在，与我们同在！

指导老师：顾翠娥

# 做方志敏精神的光荣传承者

## ——《为了可爱的中国》读后感

横峰县葛源中心小学五（1）班　李雅清

一本红书，一段历史，一种情怀，一份信仰，只为诠释着一种精神——爱国、创造、清贫、奉献。

八十多年前，葛源这片红色土地上出了一位了不起的英雄——方志敏，他在这里领导过叱咤风云的革命战争，为中国革命事业写下了光辉的一页。1935 年他不幸被俘入狱，在狱中他仍然坚持斗争，写下了《可爱的中国》《清贫》等经典著作。之后在南昌英勇就义，牺牲时年仅36岁，但在我们心中，他是永垂不朽的，他是一个真正的斗士，一位伟大的英雄！

很荣幸，我们校园拥有方志敏的塑像，方志敏烈士的塑像日夜守卫着我们美丽的校园。所以，当我们手捧着《为了可爱的中国》时，心中更是别有一番感触：方志敏与我们同在！如今，我开始慢慢地理解什么是“红土地”了，这是一块被英雄热血染红的土地，被方志敏精神熏陶的土地！爱国、创造、清贫、奉献，简单的八个字却是方志敏一生的写照。几十年后，时过境迁，方志敏虽然不在了，却给我们留下了宝贵的精神财富！《为了可爱的中国——诵读方志敏》这部经典作品，每每读来，总有一份自豪涌上心头，总有一种情感在升华……

后来，我慢慢长大，可是，爷爷还是常常对我说：“孩子，你可是生长在红土地上的红孩儿呢！”我不明白爷爷为什么喊我“红孩儿”。只知道爷爷一有空就带我去革命烈士纪念馆转转，在那棵大樟树下的八角亭里坐坐，对着那块青色石碑开始讲他熟悉的故事……如今，我懂了，因为方志敏精神已经融入了几代人的心间，那么坚定，那么深沉！

如今，我已经是五年级的学生了，也是新时代的红色土地上的小主人，依旧爱捧着那本书——《为了可爱的中国》，依旧喜欢去红军操场、烈士纪念馆、八角亭等革命旧址缅怀先烈，依旧震撼于那种精神——爱国、创造、清贫、奉献。是的，身为学生的我们应该懂得用阅读经典的方式追寻英雄的足迹，通过诵读方志敏，了解一代伟人，走近一个真实的方志敏，更应该踏着先烈的足迹，一路前行，做一个方志敏精神的光荣传承者！

指导老师：顾翠娥

# “父亲，请原谅女儿曾经的不孝”

## ——读《为了可爱的中国——诵读方志敏》有感

德兴铜矿第一小学五（1）班　宋佳芸

上个周末，在老师的推荐下，我在《为了可爱的中国——诵读方志敏》一书中畅游。方志敏，一个耳熟而又响亮的名字，他在狱中写就的《可爱的中国》激励了多少中国人。

而今，我也捧起了《为了可爱的中国——诵读方志敏》一书。读着方志敏的一个个感人事迹，想到日常中的自己，我惭愧不已。

书中，《服侍双亲》这一故事给我的触动

最大。尚在县城读书的方志敏，得知父母患病，他义不容辞地回家去服侍双亲：为病重的父母抓药、熬药、喂药；为了照顾父母几次忍痛割爱。

读着方志敏为病重的父母所做的一切，想着自己对父亲的举动，我无法止住我的泪水，它是那样自然地流出了我的眼眶，我的心神已经不在这本书上了，也无暇去想为写读后感而凑字数，充斥我内心的只有羞愧。

我的父亲，是一个整天劳碌为老板开车打杂的司机。我，十分瞧不起他，还经常想："为什么别人的父亲都是'大款'，都是老板？凭什么我的父亲却是个令人瞧不起的跑腿司机？"我为父亲的职业而蒙羞，这股耻辱感重重地压在我的身上，让我喘不过气来。

曾记得，有一天，在放学的路上，一个很熟悉的声音传到我的耳朵里："宋佳芸，你爸爸是做什么的？"同学徐问。"我……我不告诉你。"因为怕丢人，我每次都是这么回答。告别了同学，一路上我踢着矿泉水瓶，闷闷不乐地往家走。这时，父亲突然从草丛里窜出来，说："宝贝，想爸爸了没？我都想死你咯！"说着便要冲过来抱我，我轻巧地避开了，父亲重重地摔在了水泥地上。我想冲上前去说声"对不起"的，但转念一想："谁叫他这么没用！"便扬长而去。

晚上，我刚要入睡，从父亲的房里隐约传出几声：“哎哟，哎哟，你轻点儿！”“你就不该这么宠着佳芸，你瞧瞧，腿上这么大块瘀青，手掌还流血了”，妈妈说。“嘘……小点声，别让孩子听见了”，父亲说。

我听不下去了，用被子捂住头，泪水不断地涌出来。父亲，我的父亲！您为什么要如此纵容我？您难道不知道我对您有如此大的成见吗？

感谢老师的推荐，感谢编辑《为了可爱的中国——诵读方志敏》一书的叔叔阿姨们，更要感谢这次读书活动的开展，在以后的日子里，我要像方志敏一样去书写“孝”字。我要向父亲忏悔：父亲，我尊敬的父亲，请原谅女儿曾经的不懂事！

指导老师：周桂英

# 读《为了可爱的中国》有感

余干县古埠镇中心小学五（1）班　史景新

我是一个在亲人的宠爱中长大的孩子，任性、无礼、自私，是我的标志。像我这样的孩子，最需要一场精神的洗礼。为了改掉我身上的陋习，老师每天让我们诵读方志敏的书籍。

刚开始，我带着任务阅读，慢慢地，我被书中的主人公方志敏震撼了。他那凛然的正气，他那对党、对祖国的赤子之心，他那为国操劳、为国献身的无私精神深深地触动了我。

每天，我过着无忧无虑的生活。饭来张口，衣来伸手，还时常对亲人撒些小脾气，这是我真实的生活写照。从没想过今天的幸福生活是用千千万万个像方志敏一样的爱国勇士的鲜血换来的。没有那些烈士们坚持不懈、顽强斗争、敢于牺牲的精神，就没有现在繁荣昌盛的中国，也就没有现在衣食无忧的美好日子。他们为了子孙后代的幸福生活，宁可舍去自己仅有的一次生命，这得有多大的勇气啊！而我却没有好好珍惜眼前的一切。

在家里，亲人给我所想要的一切，我却自认为是理所应当的；在学校，坐在宽敞明亮的教室里，我却从没认真努力地学习。读了这本书，我才意识到自己是个自私忘恩的家伙。

从现在起，我要珍惜我所生活的环境，努力读书，长大后做个像方志敏一样的人，成为一个对祖国、对社会有用的人。

指导教师：史彩云

# 长征精神永不落

弋阳县谢叠山小学五（2）班　杨嘉弋

“红军不怕远征难，万水千山只等闲。五岭逶迤腾细浪，乌蒙磅礴走泥丸……”

大家还记得这首诗吗？这是我们伟大的领袖毛主席回顾红军长征经历的无数艰难险阻写的一首诗。每次听到这首豪迈激昂的《七律·长征》时，我的眼前都会浮现这样一组场景：泸定桥边、大渡河畔那一个个英勇无畏的身影；雪山草地、高山峻岭那一个个坚毅执着的脚印；四出奇兵、赤水河上那一个个胜利后的笑容。八十多年前，先辈用他们的热血和生命谱写了惊天地、泣鬼神的长征之歌。

通过对这首诗的学习和《为了可爱的中国》主题丛书的阅读，我知道了在二万五千里长征中，红军克服种种困难，纵横十余个省份，跨越七百多座县城，进行了一千余次战斗，突破敌人的重重包围，两夺金沙江，强渡大渡河，飞夺泸定桥，爬雪山，过草地，穿越荒无人烟的地区，不知牺牲了多少人，终于胜利到达陕北革命根据地，开创了中国革命的新天地，创造了人类历史上伟大的奇迹！

虽然我们生活在幸福的今天，但我们依然要弘扬长征精神，学习长征精神。那什么是长征精神？无论是红军叔叔们四渡赤水、飞跃大渡河，还是翻雪山、过草地，无不体现出英雄们在面对各种困难、险境时表现出的大无畏精神。对于我们而言，长征精神就是克服困难、永不放弃的精神！

这不禁让我想到自己：遇到难题，就等着老师或父母讲，从不动脑筋思考；在学习上，碰到一点儿挫折，就心灰意冷，不敢迎难而上。红军长征之路坎坷，我们青少年的学习之路也并不平坦。二万五千里长征虽然结束，但长征精神却永存。我们要传承长征精神，努力学习知识，不怕困难，勇于翻越学习中的一座座山、一条条河，为自己的理想持续不断地努力，像长征一样，直至获得最终的胜利。艰苦奋斗、甘于奉献的革命精神是取得胜利的根本保障。长征途中，在强大的敌人和险恶的自然环境面前，红军正是凭着这种精神，克服千难万险，战胜强大敌人，最终取得了伟大的胜利，为中国革命闯出了一条崭新的道路。今天，步入新世纪的我们，同样需要坚定的信念、刚强的意志、艰苦奋斗和甘于奉献的精神。有了这样的信念，我们才能从容地面对困难，乐观地克服困难；我们才能以蓬勃向上的风貌，激发创新的能力，燃烧学习的激情，焕发无坚不摧的力量。这样的信念、精神是我们走向辉煌人生的基石。

作为新世纪的少年，你可曾想过，在新的长征中，我们肩上负载着怎样全新的责任？少年兴则国兴，少年强则国强。我们要接过长征精神的光辉旗帜，适应时代发展的要求，锐意进取，自强不息，把爱国之志真正变成报国之行。今天为振兴中华而勤奋学习，明天为创造祖国辉煌的未来贡献自己的力量！同学们，为了民族的伟大复兴，让我们一起努力吧！

指导老师：王丽娟

# “清贫”精神永放光芒

上饶县第二小学五（6）班　汪子娴

方志敏在《可爱的中国》中写道:“朋友！中国是生育我们的母亲。你们觉得这位母亲可爱吗？我想你们是和我一样的见解，都觉得这位母亲是蛮可爱蛮可爱的。”方志敏被俘后，在狱中与敌人进行了坚决斗争，他大义凛然，不为利诱，以顽强的意志写下了这近 14 万字的壮美篇章。方志敏深情地爱着自己的祖国和人民，对党、对国家无限忠诚，他把祖国比作自己的母亲。方志敏无悔于自己的选择，无限忠诚于自己的信仰，是坚定的无产阶级革命战士和忠贞的革命者，具有坚强的党性原则。说到方志敏，人们定会肃然起敬，更会这样评价他：这是一个为穷人的解放而无私奉献的人，是一个无产阶级的革命家，是一个充满着浩然正气的英雄。

看完《可爱的中国》这本书后，我要说，他还是一个充满远大理想的人，有着对祖国未来坚定信念的人，他坚信祖国战争的胜利。方志敏一生业绩辉煌、波澜壮阔，由此形成的精神内涵丰富，主要体现在"坚定信念，爱国爱民；顾全大局，开拓创新；清正廉洁，终身奉献"这六句话上。方志敏对祖国的未来充满了无限希望，他在狱中写道："朋友，我相信，到那时，到处都是活跃跃的创造，到处都是日新月异的进步，欢歌将代替了悲叹，笑脸将代替哭脸，富裕将代替了贫穷，康健将代替了疾苦，智慧将代替了愚昧，友爱将代替了仇杀，生之快乐将代替了死之悲哀，明媚的花园将代替了凄凉的荒地！"这段话饱含了他对可爱中国的热恋之情，让人们看到的是他的大爱无疆。

今天，我们能过上幸福快乐的的生活，祖国能有欣欣向荣的今天，是无数个像方志敏一样的革命烈士用生命换来的，可我们还身在福中不知福，嫌爷爷奶奶的啰唆，怕爸爸学习上的严厉，嫌妈妈烧饭不好吃……想想这些，真是感到惭愧，爱我们的国家，就应该加倍珍惜我们现在的美好生活，发扬先烈们艰苦朴素的作风和顽强拼搏的精神，从现在做起，好好学习，争取做一个对国家、对社会有用的人。

指导老师：刘丽红

# 方志敏精神伴我成长

上饶县第五小学五（9）班　洪玉婷

弘扬革命精神是每一个中华儿女的义务。在我们江西省弋阳县就有一位伟大的革命先烈——方志敏，他是我们江西的骄傲。

方志敏出生在江西省弋阳县漆工镇湖塘村一个农民家庭，爱读书的方志敏由于家境贫困，按照家族里那不成文的族规，男孩只准到私塾读三年书，就要出来种田。而方志敏已经读完三年私塾了，因此，他就没有机会继续入学读书了。但是，方志敏在小的时候就非常聪明，被私塾里的严老先生看重，

破例收他到私塾里继续上学。方志敏知道这读书的机会来之不易，尽管他不喜欢老师教的这类东西，却还是孜孜不倦地熟读深思，他一年读的书比其他学生三年读的书还要多。在私塾里，他练得一手好字，学会了对对子，能写简单的文章。因为聪明好学，在乡里有点名气，他的老师严老先生逢人就夸，说“方志敏好学上进，是块读书的好材料”。“爱学习”这几个字人人都会说，但是要做到却要下一番功夫，如果要做得更好，那可得下一番大的苦功啊！

方志敏不但爱学习是出名的，他的爱国热情更是被后人所传颂。当我们祖国在遭遇危难的时候，方志敏首先想到的不是自己的安危，不是自己的家是否会受到损失，而是想到要挺身而出，捍卫祖国的尊严。

每当想起爱学习的方志敏在狱中利用写口供的机会，还坚持勤奋学习，每天置身于知识的海洋中，“贪婪”地汲取着知识的营养，我不禁心生波澜。是啊！方志敏在那样艰苦的环境下还要坚持学习，而我们现在拥有这么优越的条件，倘若再不努力，以后如何报效祖国呢？我们要学习方志敏的好学，学习他那种对追求知识坚持不懈的精神！

爱读书是方志敏的标志，他的精神体现在我们熟知的课本中。所以我们要理解它、读懂它，运用好这座“精神宝藏”，才会让我们终身受益。“书是人类进步的阶梯”，也许这也是方志敏爱读书的原因吧！不知从何时起，我觉得校园变了，大家都变得爱读书了，随处可见同学们读书的身影。一天上午下课了，我本以为同学们会跑出教室去玩，但我想错了。教室里静悄悄的，同学们有的坐在座位上认真地做作业，有的在看书，还有的翻开课本，复习功课。这时，贪玩的我也拿出了我爱看的《方志敏故事》。自从看了方志敏求学的故事后，我也开始爱学习，爱看书了，觉得读书是一件有趣、开心的事。让方志敏精神进校园吧！让这股风刮猛些吧！让我们学做“方志敏”吧！因为我们是二十一世纪的接班人，是二十一世纪的希望！祖国的未来靠我们，行动起来吧！

指导老师：金　君

# 为了心中的那份坚守而努力

## ——诵读《可爱的中国》有感

铅山县河口一小六（1）班　方嫣然

“假如我还能生存，那我生存一天就要为中国呼喊一天。假如我不能生存——死了，我流血的地方，或者我瘗骨的地方，或许会长出一朵可爱的花来，这朵花你们就看作是我的精诚的寄托吧！”这是多么热切的呐喊，又是多么深情的告白，方志敏烈士在他《可爱的中国》结尾处，用这样的细腻而深情的文字，把我的感情推向了最高峰。一次次朗诵《可爱的中国》，每一次都让我心潮澎湃、热泪盈眶，为烈士对祖国母亲的一往情深，为烈士对祖国母亲的坚贞信念，为烈士对祖国母亲的一腔热血……

祖国是我们的母亲，是她用甘甜的乳汁养育了我们，是她用体温温暖着我们，是她在我们遇到危险时用她那坚实的怀抱保护我们。而我们其中有些人曾经却在她遇到危险时，在她受人欺凌时，没有尽到一个孩儿的职责。于是乎，我们的烈士方志敏就在牢狱中写下了这篇文章——《可爱的中国》。从《可爱的中国》的字里行间，我们能感受到方志敏烈士内心深藏的爱国情怀。“其实中国是无地不美，到处皆景，自城市以至乡村，一山一水，一丘一壑，只要稍加修饰和培植，都可以成流连难舍的胜景；这好像我们的母亲，她是一个天资玉质的美人，她身体的每一部分，都有令人爱慕之美。”读了这篇文章，我首先感受到的是方志敏的深深爱国情，还有他对那些侵略者的愤怒。但再细细品味，我觉得方志敏在这篇文章中已经告诉了中国人反抗的方式——武装斗争。方志敏在这篇文章的第一自然段中发表了自己的观点，他认为中国人民只要团结一致为祖国的未来作斗争，我们的祖国母亲就一定能变得强大，祖国就不用再向侵略者低头。

看看现在，我们的生活多么幸福。方志敏烈士憧憬的“光明前途”，已经在祖国母亲的大地上基本实现了。但我想，每一位中华儿女，不论何时，不论何地，都要深深地热爱中国这方土地，爱自己的祖国母亲，为了自己对这方土地的坚守和热爱，在必要的时候，我们可以将自己的热血和生命奉献给这块土地！

我们一定要记住，曾经，中国有一段如此黑暗的历史。我们一定要记住，绝不能让这段历史重演，我们应当团结起来，每一个人都应当为祖国出一份力。我们要共同努力，让祖国变得更加强大！而这强大不是一两百个人能实现的，它需要全中国十四亿人来实现！从现在开始，请为了这个我们共同的理想努力吧！

指导老师：刘立琼

# 可爱的中国

鄱阳县古县渡镇段坂小学六（1）班　段佳雨

中国犹如一位无私的母亲，用甘甜的乳汁哺育了许多中华儿女，我们母亲的传统美德和革命精神深深扎根在每位中华儿女心中，代代相传。朋友，你觉得这位母亲可爱吗？

在长征中，红军战士为了普天下的劳苦大众和民族事业的解放，为了党的事业的成功，他们千辛万苦，不怕牺牲，辗转南北，为解放事业做出了不可磨灭的贡献。为掩护中央主力红军长征，临危受命担任北上抗日先遣队军政委员会主席的方志敏同志，一连串讲了好几个“不稀罕”，他毫不稀罕那华丽的大厦，宁愿居住在卑陋潮湿的茅棚；不稀罕美味的西餐大菜，宁愿吞嚼刺口的苞粟和菜根；不稀罕舒服柔软的钢丝床，宁愿睡在猪栏狗窠似的住所；不稀罕闲逸，宁愿一天做十六点钟工的劳苦；不稀罕富裕，宁愿穷困！不怕饥饿，不怕寒冷，不怕危险，不怕困难。许多革命烈士都用自己宝贵的鲜血和生命来建设祖国，为祖国的革命胜利呕心沥血。

我们是祖国的骄子，新时代的宠儿，我们现在有着富裕的生活条件。如今的社会生活日新月异，有一栋栋高楼大厦，有舒服柔软的温床，有丰富的美味佳肴……我们现在的祖国已经不是那个动荡不安、闭关锁国的旧中国。街道上各种名贵的车辆川流不息，家家户户有着各式各样的高科技电子产品。当然，这些都少不了当年战士们的浴血奋战和劳动人民的同仇敌忾。我们可爱的祖国拥有着上下五千年的文明，战士们舍己为人、牺牲自我的革命精神，全都植根在我们心中，永垂不朽。

我们铭记着中华母亲的功德，更不忘她承受的千灾百难，黄河纤夫拉不直问号般的身躯，长城的古砖挡不住洋炮的弹片。今天，历史和未来将由我们焊接，时代的接力棒要靠我们相传，站在新的起跑线上响亮回答，少年要谱写中华更璀璨的诗篇！

欢歌已经代替了悲叹，笑脸已经代替了哭脸，富裕已经代替了贫穷，友爱也已经代替了仇杀……啊！让快乐充满人间，让矛盾化成灰烬，让人民更加和谐，让祖国日益昌盛！

朋友，难道这位母亲不可爱吗？

指导老师：吴金霞

# 学习方志敏精神，做有益于祖国的人

铅山县河口一小六（2）班　何雨璇

读完《为了可爱的中国——诵读方志敏》，真的让我感慨万千，不愧为一本好书。方志敏用自己对祖国火一样的爱恋之情在牢狱中提笔铸就了一篇爱国史诗——《可爱的中国》，字字句句都充满着慑人的魄力和震撼。

革命烈士方志敏在狱中写下了《可爱的中国》，用最美好的语言描绘我们的祖国：“中国是生育我们的母亲……是一个身体魁大、胸宽背阔的妇人……中国许多有名的崇山大岭，长江巨河，以及大小湖泊……地底蕴藏着未开发的宝藏也是无限的……至于说到中国天然风景的美丽，我可以说，不但是雄巍的峨嵋，妩媚的西湖，幽雅的雁荡……美丽的母亲，可爱的母亲！”一本薄薄的《可爱的中国》深深地吸引着我，打动着我，激励着我。

“假如我还能生存，那我生存一天就要为中国呼喊一天。假如我不能生存——死了，我流血的地方，或者我瘗骨的地方，或许会长出一朵可爱的花来，这朵花你们就看作是我的精诚的寄托吧！”这是多么热烈奔放的呼喊，又是多么温婉深情的表白，百炼成钢化成绕指柔啊！

方志敏以自己光辉的理想和执着的追求，脚踏实地地找到了一条爱国、救国、富国、强国之路，这就是马列主义之路，这就是社会主义之路。历史已经证明，他找对了。

方志敏烈士生长在灾难深重的旧中国，为了拯救祖国，参加了革命，不幸被捕。他在狱中宁死不屈，并且写文章号召全国人民站起来保护母亲。“朋友，从崩溃毁灭中救出中国来，从帝国主义恶魔的生吞活剥下救出我们垂死的母亲！”千万个像方志敏一样的烈士为国捐躯了，他们用鲜血染红了五星红旗。现在祖国有了很大的变化，实现了方志敏梦寐以求的愿望：到处是活跃的创造，到处是日新月异的进步，欢歌代替了悲观，富裕代替了贫穷，健康代替了疾苦，智慧代替了愚昧，友爱代替了仇杀，生之快乐代替了死之悲伤，明媚的花园代替了凄凉的荒地！在此，我为中国骄傲！我为中国自豪！

我深切感受到，因为有方志敏这样的烈士，才有我们今天的幸福生活，所以我要好好学习，报效我们可爱的祖国。我在心灵中种下了“爱国、创造、清贫、奉献”的方志敏精神的种子，激励着我为实现“中国梦”而努力奋斗。

我一定要学习方志敏精神，勤奋学习，学会做人，孝敬长辈，好好学习，树立正确的思想与品德，长大后为社会做贡献。还要学习方志敏的好学上进、勇于担当、品德高尚、坚定信念等优点，好学上进，从小要立下远大志向，长大后报效祖国，做一个有益于祖国的人。

指导老师：王丽君

# 他，在我们心中

信州区沙溪小学六（3）班　吴嘉颖

烈士走了，走不了魂灵，永远在我们后辈心中流淌。

——题记

“朋友！中国是生育我们的母亲！”随着琅琅书声，我们想起了伟大的方志敏同志。一提起方志敏，我们便会肃然起敬。他，是一个为穷人的解放而无私奉献的人；他，是一个无产阶级的革命家；他，是一个充满着浩然正气的英雄。

翻开中国近代历史的黄页，十四年的抗日战争历历在目。中国共产党的优秀党员方志敏同志贡献了太多太多。

《可爱的中国》一书集中体现了方志敏的爱国主义思想，在他生命的轨迹中无处不体现着他的爱国精神。即使被捕在牢狱中，没有反抗敌人的能力，但他却拿起笔把牢狱当书房，以笔代枪，奋笔疾书写下了《可爱的中国》，表达了他对中国未来前途充满了信心。这些作品见证了他辉煌的革命一生，是他清贫人生的写照。

方志敏当时为了人民大众铲除贫困的根源，他恪守清贫。他在狱中写的《清贫》，千字之文，千古绝唱。“清贫、洁白朴素的生活，正是我们革命者能够战胜许多困难的地方”，而如今我们过着锦衣玉食的生活，却仍不满足，不满足爸爸给买的衣服，不满足妈妈亲手做的饭食；学习遇到困难就放弃，遇到挫折就后退。想起这些都让我们惭愧无比。

方志敏把他的智慧、才干，甚至他的生命都奉献给了党、祖国、人民和民族，把爱奉献给了战友、群众和亲人。他的著作《可爱的中国》和《清贫》，永远教导着后人。

现在的新时代，革命胜利了，中国人民站起来了，一切的一切都在向着好的方向发展，而方志敏精神永远在我们心中。我们永远会记着这位伟大的英雄，永远记着他“爱国、创造、清贫、奉献”的精神，并付诸自己的行动，为更可爱的中国而努力。

弘扬方志敏精神，一抹永恒不变的精神。方志敏，你，永远在我们心中。

指导老师：黄雅艺

# 永垂不朽的精神

信州区沙溪小学六（4）班　盛琳虹

他浴血沙场只为百姓安宁；他日夜工作只为百姓幸福；他在生活中、工作中做的那些不平凡的事，他的名字被深深地刻在我们心中，他就是我们的大英雄——方志敏。

一提到方志敏，我的心就如大海般澎湃，像火焰般燃烧。是他，点亮了我的那一颗中国心。

爱国、创造、奉献、清贫，这四大精神内涵都在方志敏身上完完全全地体现出来了，难道不值得我们借鉴吗？在残酷的战争年代，方志敏等革命先烈舍生忘死的品质，难道不值得我们学习吗？在被敌人捕获后，方志敏的坚贞不屈、忠于革命，难道不值得我们敬佩吗？在此我想说：“方志敏烈士，您是一个为中国革命解放而无私奉献的人，是一个无产阶级的革命家，更是一个正气凛然的大英雄。我们要向您学习，借鉴您那崇高的精神品质，为我们的祖国添上一笔崭新的色彩。”

方志敏只度过了短短的三十六个春夏秋冬，而他的大半人生都投入革命事业中去了。他用他的精神、文笔去攻击那些侵略我国的“强盗”“土匪”，他用他独有的思想、鲜明的观点帮助战士们一次次地战胜黑暗，迎来革命的曙光。随着科技的发展，也许有人把方志敏等革命先烈遗忘在时间的角落里，不曾回首。但是你们别忘了，现在的幸福生活是从何而来的！是革命者用他们的血一点点地拼积而成的！我们应该向他们致敬，向他们学习，继承他们的精神，使我们的祖国愈来愈发达、强大，蒸蒸日上！

几十年过去了，此时的中国早已是另外一副样貌，然而这些革命先烈们永远活在我们心中，他们的精神永在！

指导老师：江佳跃

# 爱国精神永不忘
## ——读《为了可爱的中国》有感

玉山县逸夫小学六（6）班　邹　妍

有一座丰碑在岁月的长河中屹立不倒；有一种情怀在人生的坎坷中坚不可摧；有一种精神在历史的里程碑中永不泯灭……那就是爱国，而承载着这种爱国心的便是方志敏，他的精神永远不会从我们的记忆中抹去，始终会在我们的灵魂和血液中流淌。

读了《为了可爱的中国》，我的心灵被大大地震撼住了。这本书讲的是，年幼的方志敏在一天天成长着，也在成长的过程中遇到贪官打压百姓等一系列不公平的事情，与他们英勇对抗并且加入了中国共产党的故事。后来，方志敏被人背叛，不幸被俘，却始终不屈服，不投降。他说："一个共产党员，应该努力到死！奋斗到死！"

时而义愤填膺，时而扼腕叹息，这可以说是我阅读这本书时的心情了吧！特别是船上喊"打"的那一章，三个没有钱买船票的人遭到一个胖子的毒打，胖子还威胁他们，说要把他们扔进海里。看到这一段，我愤怒不已，为那三个人感到不甘。方志敏看到这一幕，气愤不过，大喊了一声"打"，把胖子等人吓跑了。看到这一段，我想，可算为那三个没钱买票的人出了一口气。我觉得，这种仗着自己有钱、有权、有地位就去欺压百姓的人就应该得到相应的惩罚。

"鞠躬尽瘁，死而后已。"这句话说的应该就是方志敏了。他不幸被俘后，在狱中与敌人进行了坚决的斗争，宁死不屈。他把祖国当作自己的母亲，他也是中国的好儿子，我们的骄傲！为了中国的将来，他呼吁中国人民要爱党、爱国，要为我们的祖国做出一份属于自己的努力和贡献，把我们垂死的母亲从侵略者的铁蹄下拯救出来。

方志敏坚贞不屈、临危不惧、不怕牺牲、甘于奉献、正气凛然的精神感染着我们，使我心生赞叹，也让我不由得想起自己来。

我是一个毕业班的学生，有时作业多点，做到七八点也是情有可原。可是，只要作业题型有些难，一时半会儿做不出来，或者做作业不顺心了，我就怨声载道，现在想想真不应该！方志敏在狱中极其恶劣的环境下，还写出长达十四万字不朽的篇章，我们还有什么理由不好好学习呢？

我们是生活在新时代的孩子，经济情况要比以前好很多，不能体会到过去劳动人民的辛劳穷苦，不能体会到革命烈士的抛头颅、洒热血的奉献精神，但是，我们要像方志敏一样，去热爱党，热爱祖国。他的精神永远值得我们学习。

指导老师：钱　琳

# 祖国在我心中
## ——读《可爱的中国》有感

万年县六〇小学六（8）班　邱恩泽

暑假，我读了一本书，是方志敏的著作——《可爱的中国》。我深深地被文章中他那颗炙热的爱国之心所感动。

《可爱的中国》是1935年革命领袖方志敏烈士在牢狱中提笔写下的，记录了方志敏许许多多感人的事。他以亲身经历概括了从五四运动到第二次国内革命战争以来的悲惨历史，愤怒地控诉了帝国主义肆意欺侮中国人民的种种罪行。他满怀爱国主义激情，把祖国比喻为“生育我们的母亲”，汉奸军阀帮助恶魔杀害自己的母亲，吸她的血液。作者高声疾呼，“母亲快要死去了”，“救救母亲呀！”他指出挽救祖国的“唯一出路”就是进行武装斗争，论证“中国是有自救的力量的”,坚信中华民族必能从战斗中获救。并在篇末展示了中国革命的光明前景，描绘出革命后祖国未来的美好幸福景象，表现了强烈的民族自信心。

“少年智则国智，少年富则国富，少年强则国强。”我们一定要满怀爱国情怀，誓立报国志！我也决定要大力弘扬爱国精神，增强爱国之情，坚定爱国之志。我当前就应该好好读书，像一块干燥的海绵不停地吸收知识的甘霖。今后长大了，好用我所学的知识来报效祖国！

祖国在我心中，祖国在你心中，祖国在大家心中，让我们一起努力吧！奋斗吧！拼搏吧！

指导老师：邱喜林

# 同怀爱国心　共建强国梦

## ——《可爱的中国》读后感

婺源县紫阳一小六（9）班　胡智斌

读完方志敏《可爱的中国》，掩卷沉思，受到深深震撼，同时，我的心中有了一个愿望：希望中华儿女同怀爱国之心，共建强国之梦。

每个民族都有自己的梦想。中国梦是我们中华民族的振兴之梦。我们的祖国母亲度过何其漫漫的寒夜，跨过了多少的沟沟坎坎；我们的祖国母亲遭受了多少内忧外患，饱尝了多少苦辣辛酸。实现中华民族的伟大复兴，是方志敏的迫切渴望；实现中华民族的伟大复兴，凝聚了几代中国人的追求，是我们亿万同胞心中共同的“中国梦”。

黑暗的昨天，祖国山河破碎，人民饥寒交迫，中华民族到了最危险的时候。方志敏在狱中奋笔疾书，用自己满腔的热血与赤诚，书写着对祖国母亲深深的爱！是呀！为了实现振兴中华的梦想，不甘屈服的中国人民一次次奋勇抗争，一次次从血与火的考验中冲出来，一次次从艰难困苦与挫折失败中站起来。回首历史，正因为有了方志敏这样的爱国领袖，有了无数爱国志士的努力，我们才最终打败敌人，推翻反动统治，建立了新中国。

詹天佑不顾帝国主义的阻挠，不害怕各种各样的困难，毅然接受修筑京张铁路的任务，给了帝国主义一个有力的回击，实现了中国人自己的“铁路之梦”。“蛟龙”号载人深海潜水器从区区几百米到7000米，十年磨一剑，不仅跨越了时间和空间，还跨越了几代载人深潜科研人员寄予的深切希望与梦想，圆了中国人民的“深海之梦”。神舟系列载人飞船又一次飞向太空，神奇地实现了中国人一个个新的“飞天之梦”……现如今，我们中华大地涌现出很多优秀的追梦人：最美教师，最美乡村医生，最美司机……他们的惊人义举、无私奉献和忘我工作的精神，一次次震撼我们的内心。他们是中华民族风骨的时代楷模，是用自己行动彰显大爱的平民英雄，是顶天立地的最美中国人！

向所有爱国的追梦儿女们学习，向所有不懈追寻梦想的人致敬！

不忘记昨天，把握好今天，明天一定更加美好！我相信，大家一定会同怀一颗爱国之心，共建强国之梦！

指导老师：汪灶贵

# 奋斗　只为那可爱的母亲

## ——《可爱的中国》读后感

铅山县鹅湖中学七（1）班　江家渔

时光荏苒，岁月流逝。今天的我们再次怀着对革命烈士的无比崇敬之情，细读了方志敏在狱中用生命和鲜血凝结而成的壮烈革命篇章——《可爱的中国》。“敌人只能砍下我们的头颅，决不能动摇我们的信仰！”读着方志敏的这些诗句，我不禁心潮澎湃，心中巍然矗立起方志敏烈士崇高的形象，默默地向伟人鞠躬致敬。

《可爱的中国》，用最好的语言描绘我们

的祖国："中国是生育我们的母亲……是一个身体魁大、胸宽背阔的妇人……中国许多有名的崇山大岭，长江巨河，以及大小湖泊……地底蕴藏着未开发的宝藏也是无限的……至于说到中国天然风景的美丽，我可以说，不但是雄巍的峨嵋，妩媚的西湖，幽雅的雁荡……美丽的母亲，可爱的母亲！"《可爱的中国》深深地吸引着我，打动着我，激励着我！

像方志敏一样的革命烈士还有很多很多，他们面对寒气袭人的刀枪，从来不皱眉头；面对阴险奸诈的敌人，他们从不背离共产主义和信仰；面对六亲不认的叛徒们，他们从不悲天悯人，而是从容应付。而当他们面对头上那颗灿烂的红星的时候，他们的眼里却饱含着无比激动的泪水！他们视死如归，只为身上肩负的神圣的共产主义事业而勇往直前。它们是一群有血有肉的真正的汉子，是每个中国人的骄傲！

《可爱的中国》主要讲述从五四运动到第二次国内革命战争以来的悲惨历史，愤怒地控诉了帝国主义欺辱中国人民的种种罪行，同时，方志敏又对祖国的未来充满了无限的希望。方志敏生长在灾难深重的旧中国，为了拯救祖国，参加了革命，不幸被捕。他在狱中宁死不屈，并且写了文章号召全国人民起来保卫母亲。"朋友，从崩溃毁灭中救出中国来，从帝国主义恶魔的生吞活剥下救出我们垂死的母亲！"千万个像方志敏一样的烈士为国捐躯了，他们用鲜血染红了五星红旗。

啊！我的母亲，我坚信，在那不久的将来你一定会以全新的面貌“与世界上的各位母亲平等的携手了”。“到那时，到处都是活跃跃的创造，到处都是日新月异的进步，欢歌将代替了悲叹，笑脸将代替哭脸，富裕将代替了贫穷，康健将代替了疾苦，智慧将代替了愚昧，友爱将代替了仇杀，生之快乐将代替了死之悲哀，明媚的花园将代替了凄凉的荒地！”

奋斗，只为那可爱的母亲！

指导老师：项　婷

# 革命光辉照我行
## ——读《为了可爱的中国》有感

婺源县婺源中学初一（7）班　钟皓翔

“朋友，我相信，到那时，到处都是活跃的创造，到处都是日新月异的进步，欢歌将代替了悲叹，笑脸将代替了哭脸，富裕将代替了贫穷，康健将代替了疾苦，智慧将代替了愚昧，友爱将代替了仇杀，生之快乐将代替了死之悲哀，明媚的花园将代替了凄凉的荒地！”

这不正是当今时代的写照吗？方志敏早在 1935 年就无比自信地预言了今天，真是高瞻远瞩。一次次捧读《为了可爱的中国》，一个个感人肺腑的故事，一再让我们回望当年的革命岁月……伟大的方志敏，真是丰碑璀璨、光辉千秋。他的革命光辉照耀着我们一代又一代中华儿女——

他拥有磐石一般坚定的革命信仰。

1935年1月29日，方志敏在怀玉山不幸被捕。国民党多次玩弄示众、审讯、劝降等把戏，想让方志敏屈服。可他愿牺牲一切，献身于苏维埃和革命。在狱中，方志敏从未放弃革命，抓住一切机会写下了许多爱国文章，被后人赞誉为爱国主义的千古绝唱！

他拥有烈火一般炽热的革命热情。

方志敏最初创建红十军时，不过二十几人、二十几支枪。许多人还听不懂阅操口令，更不会开枪。当一位位红军特派员想放弃这支队伍时，方志敏却始终满腔热情，下定决心一定要建设好这支革命队伍。经过重重困难，终于，队伍壮大为拥有四千多人的红十军，成为红军建军史上一大奇迹。

他拥有钢铁一般坚定的革命原则。

1927年11月，方志敏正组织暴动，却突然听到自己妻子被捕的消息。当时，县政府说400块大洋就可以保释，方志敏刚打了土豪，是个“红色财主”，当然有钱。就当大家主张“花钱消灾”时，方志敏却不同意。他这么无情吗？不，是无私！他认为手中的钱是干革命事业的，不能用。还有他曾经手握百万元，但一分一毫都用于革命事业，始终过着清贫的生活。以至于当他被捕时，身无分文，让两位国民党士兵大失所望。他的几件“传世宝”，更是让富翁们齿寒三日。

可现在，有些人认为方志敏的这些精神已过时了。

真的过时了吗？不！

作为一名新时代的学生，我们同样要有磐石一般坚定的学习信心才行。而我们有些同学会因一次测试不理想而气馁了，会因老师的一次批评而泄气了，会因初中学习的科目增多、难度加大而紧张彷徨、不知所措了……

我们同样要有烈火一般炽热的学习热情才行。而我们有些同学认为学习很无聊、很枯燥、很辛苦，没有兴趣，提不起精神，也就不思进取，得过且过了……

我们同样要有铁定的学习原则才行。而我们有些同学总是控制不住自己，迷恋上了游戏，上起网来，就乐不思蜀了，还有在学校收作业时，有些组长会包庇朋友，放宽要求……

其实，只要我们志向远大、充满信心，就有前进的方向，就能看到希望；只要我们满腔热情、不懈努力，就会苦尽甘来，其乐无穷，乐在其中；只要我们戒除恶习，坚守底线，就能克服浮躁，携手共进，创造美妙的学习乐园。

这些不都是方志敏精神的光辉，在熠熠生辉吗？

方志敏精神，永不过时，入眼入脑入我心，革命光辉照我行。

指导老师：李红英

# 又一次走近方志敏

万年县第二中学七（11）班　章子越

金风送爽，丹桂飘香。在方志敏烈士曾经战斗过的这片红色的土地上，我们荣幸地与《为了可爱的中国——诵读方志敏》这本书见面了。在老师的指导下，我们认真地读完了这本书，非常感谢本书的作者让我们有机会又一次走近咱们家乡的英雄——方志敏，感悟革命先烈的伟大精神。

在我们万年裴梅镇富林村，有一个赣东北特区苏维埃政府遗址，相信大家一定不会陌生吧。在富林这块红土地上，曾经留下了方志敏烈士战斗的足迹。1928年6月，方志敏先后赴贵溪、鄱阳、万年、德兴、湖口等县，发展党组织，建立革命武装，组织农民暴动。他率领起义军开展游击战争，运用“声东击西、避实击虚”，“吃得下就吃，吃不下就跑”等战术，一年内连续打退国民党军四次“进剿”。1931年3月，方志敏当选为赣东北特区苏维埃政府主席。1935年1月27日，方志敏率领工农红军北上抗日，行军途中遭国民党反动派的重重围困，终因寡不敌众，不幸被俘。方志敏被俘时，敌人以为抓到了共产党的一个大官，身上一定有很多钱，结果搜遍他全身，除了一块怀表和一支钢笔外，别无分文。在狱中，他以极大的毅力写下了《可爱的中国》《清贫》等光辉篇章。这就是方志敏，一个清贫、坚强的共产党员的真实写照！

《为了可爱的中国——诵读方志敏》这本书以生活化的故事、生动细腻的文字让我们全面深入地感受真实鲜活的方志敏，感受他那平凡而又伟大的一生，引领我们又一次重温经典，缅怀先烈，牢记历史。方志敏的故事，是一部珍贵的教科书；方志敏的精神，是一支响亮的号角，永远鼓舞着人们前进。

今后我们无论走到哪里，方志敏永远是我们学习的榜样，是我们心目中永远的英雄！亲爱的同学们，就让我们从现在做起，珍惜眼前这片美好的时光，树立起远大的理想，传承方志敏伟大的爱国精神，努力学习科学文化知识，成为一个德智体美全面发展的好学生，将来做一个对家乡、对社会有用的人！

指导教师：程秀文

# 祖国的力量
## ——读《为了可爱的中国》有感

莲湖乡慕礼初中八（1）班 张苏梦

日复一日，年复一年，岁月的年轮缓缓向前。滚过了 1937 年，滚过了 1945 年，也滚过了数不清的日日夜夜。某一天也许毫无特点，便沦为了蓝天白云。但有些日子，注定会载入史册；有些人，也注定会在后世被人铭记。

1937 年 7 月 7 日，大地开始颤抖，祖国开始沦陷。没有万劫不复，但满目疮痍。日本的铁蹄践踏进来蹂躏着祖国母亲。那狰狞的面孔令许多人害怕、退缩……更多的仁人志士却站起来了，他们迎着鬼子的刺刀，勇敢的铸成了一面盾牌，用肉体、鲜血铸就的盾牌保护着生育、养育我们的母亲——祖国！

祖国是可爱的！方志敏说出了所有华夏子孙的心声，狱中的艰苦、险恶，没有让他绝望，而是更坚定地认识到了祖国母亲的力量。祖国母亲的乳汁养育了数以万计的英魂："头可断，血可流""人生自古谁无死，留取丹心照汗青""我自横刀向天笑，去留肝胆两昆仑"。这些英魂配得上这些古今傲人的诗句！

读了《为了可爱的中国》，作为一名初中生，我感慨良多。以前的我不爱看这些故事，宁愿去多看几分钟综艺节目，傻傻地笑着，却忘记了祖国母亲曾遭受的这许多苦难。这本书唤起了我的许多思绪。祖国母亲不仅只经历了这些，近一百多年来，从鸦片战争开始，祖国便像是一只年老力衰、体弱多病的睡狮，不断受到欺凌，英法联军侵华、甲午中日战争、八国联军侵华，哪一次不是在别人的棍棒之下苦苦哀求，想起这些，心不禁揪起来了。

许多同学学习不认真，作业不完成，整天没有目标。我自己何尝又全身心地投入学习了呢？有兴趣便看会儿书，没兴趣便放任自己去挥霍时光。全然想不起方志敏笔下苦难又可爱的祖国。不错，现在的我们已远离了战争，远离了那段屈辱的岁月。但，我们怎能忘记，忘记历史不就意味着背叛吗？幸好，学校组织了这次阅读活动。《为了可爱的中国》让我们重新燃起了思绪，将共存的记忆再次唤醒。感动的是：我看到许多同学在叹息祖国的过去，规划着自己的未来，大家应该明白了自己的责任！

要长大了！要谨记了！世界还并不太平，新世纪，日本一直在觊觎我们的钓鱼岛；美国也一直在背后支持某些国家装神弄鬼。国际上，祖国的日子过得并不是一帆风顺。我们不能忘了别国的虎视眈眈，不要忘了，落后就要挨打！

许多同学总觉得自己弱小，保卫祖国、建设祖国是别人的事情。其实只有我们才是祖国的接班人，是祖国的未来。新世纪，唯有科技、知识能使祖国繁荣富强。所以，努力学习、提升自己才是我们的当务之急！不要再在嘴上高喊爱国，应该拿出实际的行动来！

祖国已给了我们力量，让我们一起为祖国母亲努力奋斗吧！

指导老师：张　聪

# 为了可爱的中国之腾飞而努力
## ——《为了可爱的中国》读后感

横峰县葛源中学八（1）班　杨子琦

朋友，你可曾想过我们如何能够快乐地成长，如何会有今天这样安定的生活；你又可曾知道当年有多少人战死沙场，有多少个生离死别的瞬间发生在历史的长河中？你可曾读过《为了可爱的中国》？

有那么一本书，用滚烫的文字唤醒了我们国人；有那么一本书，用一颗赤诚之心唤起了我们对先辈的记忆；有那么一个人，他夜夜思索，怆然如梦。他，一个中国男儿;他，一位宁死不屈的英雄——方志敏。

方志敏，一个普通而平凡的农民的儿子。他的一生很短暂，他的一生受尽屈辱，但他的一生却是为了救国救民而前进、而奋斗的一生！1924年3月，他正式加入中国共产党。入党时，他曾立下这样一个誓言：“从此，我的一切，直至我的生命都交给党了！”方志敏用他那滚烫的热血践行着这句誓言。对于历史，我们不能忘却；对于那些曾经为国献出宝贵生命的先辈们，我们不能忘却；对于祖国母亲曾经经历的伤痛，我们不能忘却！

如果有人问你，谁是世上最可爱的人，相信你肯定会说：“我的母亲！”因为，是母亲用乳汁哺育着我们。你可还记得我们还有一位共同的母亲——可爱的中国！方志敏在狱中写的《可爱的中国》，用最美的语言描绘了我们可爱的祖国母亲：“中国是生育我们的母亲……是一个身体魁大、胸宽背阔的妇人……中国许多有名的崇山大岭，长江巨河，以及大小湖泊……地底蕴藏着未开发的宝藏也是无限的……至于说到中国天然风景的美丽，我可以说，不但是雄巍的峨嵋，妩媚的西湖，幽雅的雁荡……美丽的母亲，可爱的母亲！”一本薄薄的《可爱的中国》，曾经激励着一代又一代热血青年为了这可爱的祖国而抛头颅、洒热血。今天，又何尝不深深打动着我们、激励着我们！

谁不经历失败而成功？谁不遭受挫折而坚强？谁不陷入黑暗

而获得光明？

朋友，今天的祖国母亲已是光彩夺目、繁荣昌盛。但只要祖国前进的脚步不停歇，我们就永远行走在路上。朋友，为了可爱的中国，为了可爱的母亲，展开你的羽翼，用尽你的才华，为中华之腾飞而努力！

指导老师：彭　红

# 接过红军战士手中的笔

余干县余干中学初二（1）班　吴贞莹

“朋友！中国是生育我们的母亲。你们觉得这位母亲可爱吗？我想你们是和我一样的见解，都觉得这位母亲是蛮可爱蛮可爱的。”这段令人读起来肃然起敬的话语，源自方志敏烈士的《可爱的中国》。肺腑之言，体现了方志敏那颗如烈火燃烧般的爱国心，以及随时为可爱母亲牺牲一切的报国心。

由方志敏心中的蛮可爱蛮可爱的母亲，我想起了我心中蛮可爱的故乡——鄱阳湖畔的小村庄。

余干县东塘乡江头嘴村是一个山水相依的湖区村落，因为有山有林，所以人们便在这块风水宝地依山而居。据老人介绍，中华人民共和国成立前，村子里三面环水，只有西北边退水时才有出路，一般要搭桥或乘船外出。房屋建在山冈上，北边和西边有茂密的树林，是鄱阳湖抢劫的人曾经躲藏的地方。

革命时期，红军来了，隐蔽在山林中。有时候，战士们会装扮成百姓，到村子里为群众干点活儿，像挑水、碾米、劈柴……给予村民许多照顾。村里年轻人羡慕红军战士的仁爱，有的便偷偷地加入到队伍中去。我的曾祖父就是其中一员。由于他个头有1.8米，身材魁梧，深得战友们的欢迎。曾祖父和红军战士离开村子时，曾留下一支笔，给我的爷爷作为念想。

后来，村里老人们得知了真相：这支小部队属于邵式平在余干五雷根据地的分支。“上有朱毛好主张，下有方邵打豺狼。第一英雄方志敏，第二英雄邵式平。两条半枪闹革命，打倒土豪为人民。”村里老人还记得当时流传甚广的赣东北革命民谣《打倒土豪为人民》。我想，曾祖父肯定也会唱这首民谣。可惜，他在战斗中牺牲了，为了可爱的中国，牺牲了自己魁梧的身躯。

曾祖父留下的唯一“念想”——旧钢笔，我小时候见过。爷爷在我10岁生日时，赠给了我，希望我继续保存下去。每当我打开柜子时，我拿出这支用红布包裹的笔，心中便油然而生出对曾祖父的敬佩，对红军战士“为有牺牲多壮志，敢教日月换新天”的豪情敬佩不已，对蛮可爱蛮可爱的母亲有这样大无畏的孝子感到骄傲。

接过曾祖父手中的笔，我要继承优良家风做表率；接过红军战士手中的笔，我像接过一支枪一样时刻准备去战斗；接过方志敏精神，我要将可爱的中国、可爱的家乡好好建设。

指导老师：方慧圆

# 读《为了可爱的中国》有感

上饶市沙溪中学八（3）班　叶华鹏

翻开《为了可爱的中国》这本书，我细细品读，百感交集。

久久不能忘怀的，是方志敏为了区区一块小小的平绒布一反平常待人的和善，与自己相敬如宾的妻子缪敏差点儿闹翻。虽然缪敏也不想收下，但方志敏却认为是受贿。

久久不能忘怀的，是方志敏在昏暗的茶油灯下一针针一线线缝补自己破棉袄的伟岸身影。

久久不能忘怀的，是方志敏在怀玉山被

捕后，看见白军小卒从自己身上找不出任何值钱东西失落而归的样子，不禁大笑那自己可以令“富翁们齿寒三日”的财产时的大无畏。

放眼今日，冷不丁就爆出一只只大老虎的落马。周永康、徐才厚、苏荣、蒋洁敏等人，他们滥用职权、私挪公款、贪污受贿。

我想，时任闽浙赣省苏维埃政府主席的方志敏难道就不想好好地过安宁舒适的生活吗？难道就不想身着华丽的衣裳吗？当他的妻子被捕急于保释的时候，难道他就不想救出自己的妻子吗？不，他想！但他并未如此，经手数百万款项，却能严格要求自己。所以，在方志敏这种大义凛然的品德下，真正齿寒的，应该是那些贪官，那些“富翁们”。

不戚戚于贫贱，不汲汲于富贵。

清贫，是中华民族的传统美德，清贫并不是贫穷，而是一种高尚的生活态度、生活情操。

世界潮流，浩浩荡荡，中国在一代又一代共产党人的领导下日益富强。现如今，作为中学生的我们每天都可以在宽敞明亮的教室里听老师授课；可以不用每天为了吃饭而伤脑费神；可以身着名牌衣裤，像一只只美丽的白天鹅……但当我们骑着数千元的自行车招摇过市的时候，是否会想到清贫？当我们把餐桌上仅吃了几口的精致饭菜扫进垃圾桶时，是否会想到清贫？当我们把只有半成新的衣物投入垃圾箱时，是否会想到清贫？

清贫是祖先留给我们的传家宝，习主席曾说："不忘历史才能开辟未来，善于继承才能善于创新。"清贫本就不是一句口号，而是要付出的实际行动。未必要那么惊天动地，但一定要用心。

为了可爱的中国繁荣昌盛、光辉灿烂的明天，我们青少年唯有努力学习，继承优秀传统文化，才能让祖国在世界的东方永远熠熠生辉。

指导老师：谢燕红

# 《为了可爱的中国》读后感

横峰县葛源中学八（3）班　王燕萍

“血战东南半壁红，忍将奇迹作奇功。”你驻足于铁窗前，透过锈迹斑斑的铁窗仰望着天空。此时的夕阳已将红色的余晖洒向了满目疮痍的屋顶，透过缝隙，在地面上洒下斑斑点点的光影。铁窗的外面是一座被岁月推倒的土房，此时已是断壁残垣。牢房内寒气逼人，在投降与信仰之间，你毅然地选择了后者。面对各种劝降，你说：“敌人只能砍下我们的头颅，决不能动摇我们的信仰！”

在那黑暗而又内心充满希望的岁月中，一张早已腐朽的桌子，一条破旧不堪的板凳，一支倾注了信仰力量的笔，便是你所有的武器。他们能够困住你战斗的身躯，却无法困住你战斗到底的信念；他们能够禁锢住你的双脚，却无法禁锢住你滚烫的血液和不屈的灵魂！你将全身的力气和信仰全都灌入那枯瘦的双手，只为那可爱的中国！

你生长在灾难深重的旧中国，为了拯救祖国，为了保护家人，参加革命，不幸被捕。你在狱中向着全中国呐喊："朋友，从崩溃毁灭中，救出中国来，从帝国主义恶魔生吞活剥下，救出我们垂死的母亲来！"你的呐喊让无数中华儿女血脉贲张，唤醒了他们沉睡的灵魂，你们用鲜血染红了五星红旗。

夕阳西下，人潮涌动，太阳始终挂在天与地的交接处，红色的余晖洒在了你的身上，刑台下的人越来越多，你，依旧是如此挺拔，如此刚毅，眼里满是坚定……

如今，黑夜早已过去，朝霞早已映红了大地。祖国母亲也在一辈又一辈的前辈手中实现了你曾经梦寐以求的愿望："到处都是活跃的创造，到处都是日新月异的进步，欢歌将代替了悲叹，笑脸将代替了哭脸，富裕将代替了贫穷，康健将代替了疾苦，智慧将代替了愚昧，友爱将代替了仇恨，生之快乐将代替了死之悲哀，明媚的花园将代替了凄凉的荒地！"

指导老师：彭　红

# 薪火相传美弋阳

弋阳县中畈中学八（6）班　黄淑平

弋阳，江西省的一个小县，地图上不起眼的一点，但却是这样的美。美丽的圭峰，特色的美食，淳朴的民风，形成了如此和谐的大家庭。

方志敏，江西弋阳人，出生于一个贫苦的家庭，自幼就饱读诗书，从小谨记父辈教诲，做一个为国奉献的人，身怀大志。正是因为他的这种心境，才使他后来创造了丰功伟绩。一个伟人，肯定有他的过人之处。那究竟是什么呢？

他是一个无私的人。当妻子缪敏被鄱阳县政府抓起来时，他没有为救妻子而动用公家的钱，而动摇共产党人克己奉公的原则。

他是一个爱国的人。他的一生是清贫、洁白朴素的一生。

1935年8月6日凌晨，方志敏被秘密杀害，时年36岁。“以身殉志，不亦伟乎”，这是毛泽东对方志敏的赞誉。他的一生，是为救国救民而艰苦奋斗、鞠躬尽瘁的一生，是把自己的一切奉献给了共产主义事业的一生。

我们能有现在这般美好的生活，都是以前浴血奋战的将士的功劳。方志敏与粟裕在怀玉山挥手告别的那天，长征途中伟大的遵义会议胜利召开，这预示着红军的又一次创举。中国工农红军克服重重艰难险阻，通过彝族地区，强渡大渡河，飞夺泸定桥，翻过莽莽雪山，穿过茫茫草地。终于，在1936年10月，完成了战略转移的任务，长征胜利结束。长征是中国共产党人的伟大创举，长征是世界军事史上的一大奇迹。长征的史迹永远留在人们心中，长征的精神永远鼓舞我们向前。

我们是祖国的花朵，是祖国未来的希望，我们应该努力学习，学习更多的知识，学习共产党人的精神，将来报效祖国。少年强则国强。

虽然弋阳县只是一个小县，但也需要发展，那发展的关键是什么呢？答案毋庸置疑，那便是我们。虽然我们不用打仗，面对生死离别，但我们可以做一些力所能及的小事，积少成多，那么我们的故乡就会变得更加美好。

当红军的星星之火在中国大地上燃成燎原之势后，我们中华民族舍己为人的品质就一直流传至今。但是，当今社会，物欲横流，金钱至上的思想已侵蚀了部分人的灵魂，这更需要吃苦耐劳、甘于奉献的品质。随着时代的发展，科技的进步，网络游戏也如滔滔江水般向青少年涌来，很多学生抵不住它的诱惑，放弃了学业，最终一事无成。事实足以说明诱惑的危害之大，它可以迷失人的方向，腐蚀人的灵魂，玷污人的情操，甚至于吞噬人的生命。由此可见，我们的生活和学习是多么需要长征的精神！我们要树立远大理想，不断砥砺自己的意志，培养自己的情操，不为名利所动，不被金钱所迷，除贪欲，走私心，才能在这五彩缤纷、变化万端的世界上驾驭好自己的航船，把握好自己的方向。

让我们弘扬长征精神，薪火相传，奋斗不息。用坚定的信念，顽强的意志，建设我们的家乡和美丽的家园。

指导老师：周元良

# 血染红旗，爱我中华

## ——读《为了可爱的中国》有感

玉山县冰溪中学八（12）班　毛梦琦

“敌人只能砍下我们的头颅，决不能动摇我们的信仰！因为我们信仰的主义，乃是宇宙的真理。”这是我们江西省弋阳县一位牺牲多年的革命烈士，无产阶级革命家、军事家方志敏同志在英勇就义前的一段发人深省的慷慨陈词。

他把马克思主义普遍真理与赣东北实际相结合，创造了一整套建党、建军和建立红色政权的经验，连我们的共产党领袖毛主席也把这称之为“方志敏”式根据地。都说欲戴皇冠，必承其重。他的一生，就是为救国救民而艰苦奋斗、鞠躬尽瘁的一生，他把自己的一切都奉献给了共产主义事业。可惜天妒英才，36 岁的方志敏在南昌英勇就义！

这是令人悲愤填膺的！他的爱国主义精神是值得后人学习继承的。方志敏对于革命生活十年如一日，矜持不苟，舍己为人，正如他自身所言：“清贫，洁白朴素的生活，正是我们革命者能够战胜许多困难的地方！”方志敏同志清白朴素的美德可谓真正的两袖清风。

他少年时期就如同青年初恋时那样真纯入迷地爱国，看到日本人鞭打三位中国同胞，想到我们中华民族的深重危难，他呼吁国人不要悲观，不要畏馁，要奋斗。

这一件又一件的陈年旧事，无一不彰显着他的人格，方志敏是一位用行动说话的人。

他有“三军可夺帅也，匹夫不可夺志也”的节操，有“先天下之忧而忧，后天下之乐而乐”的志向与决心，更有“生当作人杰，死亦为鬼雄”的气魄。他更把“留取丹心照汗青”付诸行动，无数的诱惑与威胁，他无动于衷，毫不动摇！他在墙上写下的“视死如归”四个大字正是他自己的精神写照。有生之年，牺牲时，他清贫地走了，正如他清贫地来，不带走一片云彩。

古往今来，又有多少像方志敏这样的人，前仆后继地奔向沙场，只是为了给人民一片祥和和安宁。他们冒着枪林弹雨，穿梭在生存与死亡的边缘。

当我们凝望着冉冉升起的五星红旗时，请记住这是我们的先辈用火红的鲜血染成的一片辉煌——我们瞻仰的，是已故的烈士们！

指导老师：刘月霞

# 方志敏的故事

德兴二中八（14）班　王栎依

也许你没看过沙漠下暴雨，但你一定看过“敌人只能砍下我们的头颅，决不能动摇我们的信仰”这句流芳千古的豪言壮志；也许你没看过黄昏追逐黎明，但你一定知道那个励志报国、革命救国、以身殉国，那个最可爱的人。

一生短暂，而他却用有限的一生完成了为后人树立好榜样的丰功伟绩。他的一生辉煌，因此聆听他的故事定能受益匪浅。

方志敏出生在江西省弋阳县一个家境贫困的农民家庭，他从小便有救国救民之心。五四运动前夕，十七岁的他考取了弋阳县城的县立高等小学。在那里，他深受先进文化思潮影响，在校园组织进步团体“九区青年社”，积极投身五四运动，成为反帝反封建的先锋。高小毕业后，他又以优异的成绩考入了远在省城南昌的江西省甲种工业学校。因带头针砭时弊而遭军阀当局仇视被校方开除学籍，但他却又以优异成绩考入九江南伟烈学校，在这里最终成了马克思主义的信仰者，认定“只有社会主义可以救中国”。

1924 年 3 月，方志敏在南昌加入中国共产党。随即，他与赵醒侬一道创建了江西第一个党组织——中共南昌支部，成了江西党团组织创始人之一。

踏上革命的征程，方志敏始终保持着高昂的革命斗志和坚定的革命信仰。在第一次国共合作期间，他坚决服从党的安排，担任了国民党江西省党部农民部部长、省农民协会执行委员兼秘书长，积极领导开展农民运动。大革命失败后，大批共产党员和革命群众遭屠杀，全国笼罩在一片血雨腥风的白色恐怖之下。危难关头，他坚信革命必胜，秘密潜回家乡领导武装起义，开始探索创建农民革命根据地、进行土地革命的道路。在根据地创建发展过程中，先后组建了老红十军和新红十军两支地方主力红军。根据地党的建设、政权建设、军事建设、文化建设等各方面都取得了巨大成就，积累了丰富的经验。为此，中华苏维埃临时中央政府授予其“苏维埃模范省”的光荣称号，毛泽东同志称赞其为“方志敏”式根据地。

在第五次反“围剿”战争期间，方志敏根据中央电令将红七军团与新红十军整编为红十军团，并计划兵分两路，一路直向苏区外线打乱敌军部署，一路转移至闽北开展游击战。但这一正确主张遭到否决，中革军委命令组成以方志敏为主席的军政委员会，率红十军团向皖南出击，执行北上抗日先遣队任务。此时中央红军已被迫长征，在此形势下向国民党统治中心进军，其前程必然是艰险重重。尽管如此,他还是以坚强的革命意志,严格执行上级决定。

“血战东南半壁红。”方志敏率北上抗日先遣队浴血奋战两个月，终因弹尽粮绝被七倍于己的敌军围困于怀玉山区。他虽带领先头部队奋战脱险，但未接应后续部队又复入重围，终因弹尽粮绝被俘。

在狱中，他一面与敌人进行信仰的交锋、意志的较量，一面在极其险恶的环境下，撰写了《可爱的中国》《清贫》《死！——共产主义的殉道者的记述》等狱中稿，16 篇约 14 万字。1935 年 8 月 6 日，方志敏在南昌下沙窝为国捐躯，时年 36 岁。

“雪压竹头低，低下欲沾泥。一朝红日起，依旧与天齐。”竹之品性，历来受到文人墨客的褒扬，也一直激励人们要不屈不挠，大节无亏。透过这些文字，我仿佛看到了方志敏高洁伟岸的形象。他正以最傲人的姿态，将自己的一腔热血叙述于后人。

指导老师：金雅生

# 努力到死，奋斗到死

玉山县冰溪中学八（15）班　陈焰美

落月被撕开了，一切都是猩红色的。云烧成了烈焰，那么肆意，以至于蓝都不再像是一种颜色。海与陆地都沦为镜面，棱纹的沙滩烧了起来。石块与栗色的岩池也是，粉色的浪峰，燃烧的圆丘，那种红甚至在闪烁。

历史再次被回放，轻触泛黄的纸张。耳边有风声，天空是一片白蒙蒙的，淡紫色的大地也是。夜晚的第一颗星穿透薄暮。是夜，我本该缩进被窝去畅想梦里的未来，只是心中似有一团火炽热地燃烧着。一夜，无眠。

那名男子，江南风情的男子，本该温文尔雅，他却那么的勇猛刚劲。如果历史倒回，我们兴许会遇见，在某个阳光的早晨。我想，是吧。在我们这个灿若桃花的年龄，他却已紧锁眉头，他担忧国家。华夏，那是多么伟大的民族。历史的几经转折，他注定成为历史的脊梁。他的一生，为救国救民而艰苦奋斗、鞠躬尽瘁。一生，该是有多漫长。可是，就像上帝不会眷顾那些不理解生命的人。因为那时已经很迟很迟……而他却只活到36岁。36岁，一个风华正茂的年龄。他还没来得及感受南方暖风的轻抚，就走了，他走得很平凡，就如他生得很平凡……

他是一定得离开吗？不是的，是那些残忍的“国方的伟人们”将他撕裂，血溅满了白纱，那一双双凶残的眼睛像是要将他吃下去似的恶狠狠地瞪着他。或许，他笑了吧，淡笑了一声他们的企图。或许，他只是静静地在死之前感受生命的美好，然后去了另一个世界。可他真傻，他走得那么急，让我们怎么好好了解他。

“努力到死，奋斗到死”，这是他立下的誓言。后来啊！他用鲜红的液体来实践了这句话。他爱国之热诚，还是如学生时代一样的真诚无伪：打倒帝国主义！他盼着中华民族在帝国主义羁绊下解放出来。假如他还能生存，他还是会为祖国做出贡献，他还会让伟大的可爱的中国永远富饶。可，他不在了……但不难发现，他那作品中的每个“国”字都在颤动，那是灵魂吧。我更愿意说那是精神，不朽的精神。那时江山碎裂，天下唯一人独尊。而此时“天下为公”这样的转变，又怎能与你无关呢。很久以前，你为了中国每日不停地工作，那时的你还存在于这个世界。后来，你离开了，却留下了我们世世代代都需要的——爱国情怀！

很荣幸，我知道这么一个伟人——方志敏。

风扑向街道，它在窗外喋喋不休，在树叶间怒吼。像是在诉说着什么，我猜，它也在讲一个人，兴许我们讲的是同一人呢！

睡下后，发现你又一次在我梦境里扎营。一头短发，一身素袍。就这样，你以你的浩然傲骨屹立于天地之间。我一直坚信也一直寻找——

有一种神力，滤清了青山和湖水的污秽。

指导老师：肖宽剑

# 爱国情
## ——读《可爱的中国》有感

铅山县鹅湖中学九（2）班　郭琪凡

岁月无痕，和我一起将那无形的历史书本打开，翻开前一页，那一段刻骨铭心的伤痛……

当时，日本的侵华战争还未全面爆发，但“九一八”的炮声却震撼了每一个有民族情感的心。作为红十军的创始人，方志敏在红军开始长征的时候，担任中国工农红军北上抗日先遣队军政委员会主席，但在进军的路上，不幸因叛徒出卖而落到国民党反动派的手中，最后英勇就义。作者以亲身经历概括了中国从“五四运动”到第二次国内革命战争以来的悲惨历史，愤怒地控诉了帝国主义肆意欺侮中国人民的种种罪行。

当读完这篇文章后，我愤怒。书中写道：“他们自认为文明人，认为我们是野蛮人，他们是优种，我们却是劣种；他们昂首阔步，带着一种藐视中国人、不屑与中国人为伍的神气，总引起我心里的愤愤不平。”

我常想：只要不是一个断了气的死人，或是一个甘心亡国的懦夫，就不会不挺身而起为积弱的中国奋斗；而那一批批国民党的部队，他们还有良知吗？他们都没有良知，连母亲痛苦的呐喊也不能将他们唤醒。

当读完这篇文章，我叹息。正如方志敏所说：“我不愿再去回忆那些过去的事情了，回忆只能增加我不堪的羞愧和苦恼。我今天想告诉你们的却是另外一个比较要紧的问题，即是关于爱护中国、拯救中国的问题。”

当时的中国，多少优秀的中华儿女牺牲在了国民党与帝国主义的枪炮下，而方志敏在国民党反动派的迫害下，不仅没有屈服，更是坚信中华民族必能从战斗中获救，中国的未来必将一片光明。一个共产党员对自己信仰的执着，这是一种使人支撑下去的力量，是一种为理想而奋斗的力量——为新中国而奋斗的力量，这样一位为理想而奋斗、为信仰而执着的好人却最终被国民党所迫害，年仅36岁。

当读完这篇文章，我钦佩。他敢于嘲笑国人的无能，以碌碌无为为耻辱，也痛恨自己力量的卑微，可毅然决然地选择了别人不敢承担的前途，决心为了中华的崛起，奉献一生，只因他热爱他的祖国，我们的中国。

当读完这篇文章，我叹服。看见同胞被人欺凌，中国大地被人践踏，听到同胞们卑微的痛楚与嚎叫，他的心在咆哮，他的心在滴血。

也许是期望，他希望国人齐聚起来，一起抗日。不论是害怕、不关心，还是热血、爱国的华人，不论是学生、老师、工人，都能唤起热腾腾的赤子之心与爱国的信念，保卫他所热爱的祖国。每每看到他的热血与铁骨铮铮，让我敬佩，让我叹服。

有这样一种精神在历史的长河中永远不会被湮没，有这样一座丰碑在岁月无情敲打下依旧熠熠生辉，屹立不倒，那便是爱国，而承载着爱国与无悔的方志敏就是这样的精神巨人，肉体的毁灭永远无法让他从我们的记忆中抹去，取而代之的是精神的延续。

我爱你，可爱的中国！

指导老师：郑晓丹

# 信念的力量

婺源县朱熹中学九（3）班　胡晓敏

信念的力量在于虽然身处逆境，也会扬起前进的风帆；理想的魅力在于即使遭遇险境，亦能保持崇高的心灵。

——题记

独坐窗前，听风吹落枝头黄叶，看雨裹挟院角纤尘，紧张学习之后，身心显得那样得惬意。现在家庭作业已做完，正是可以自己支配的时间，于是便随手拿起了学校刚发的《可爱的中国》。

慢慢地翻，静静地读，思想沐浴着圣洁

的光辉，在岁月的时空中穿行。

在书中，我看到了一个为崇高信念而献身的革命者形象。是他转战赣东北，为掩护大部队的转移，为革命的最终胜利而置个人安危于不顾；是他在狱中视敌人的名利引诱为粪土，与敌人进行了不屈不挠的斗争；是他将敌人的死亡威胁踏于脚下，慷慨激昂，取义成仁。方志敏说："革命必能取得最后胜利，我愿牺牲一切，贡献于苏维埃和革命。"为了心中的信念，他说了，也这样做了。

手捧《可爱的中国》，我能想象崇高信念在一个革命者心中所能焕发的力量。方志敏牺牲了，但他文中所透射出的对祖国的深情，借助武装斗争拯救民族、建造美丽中国的意志，却催生了后继者无尽的精神动力。是方志敏以自己的言与行为中国人构建起了一座精神的圣殿，并激励一个个革命者为心中的理想前仆后继。

柔柔的风儿触摸着我的脸庞，思想在历史与现实中徜徉。对于现在的人来说，方志敏所处的时代已远在80年前。远去了战火纷飞，面对的是高度发达的物质文明，多少人醉心于享乐而不思进取，得过且过。理想信念流失、责任缺乏、意志脆弱等方面的问题在当今中学生中普遍存在。因小有进步而妄自尊大，因一时挫折而一蹶不振，怕吃苦，畏困难，这些躁动而多变的情绪相比革命者坚强与执着的信念真的不能同日而语。面对今天之情形，我更觉得树立远大理想、坚定崇高信念的必要。爱因斯坦曾说："由百折不挠的信念所支持的人的意志，比那些似乎是无敌的物质力量具有更大的威力。”一个人有了理想才会有前进的方向，一个人有了信念，就有了迎难而上的决心和勇气！

如雾似纱的雨丝润湿了书的页面，润湿了我的肌肤，让我此时的心儿仿佛像水晶般清明澄澈。人生路漫漫，这样那样的坎坷与挫折总会和我们不期而遇，但无论如何，我们都要直面它们。我们若能像先烈那样，坚定信念，希望之光就会驱散绝望之云。用先烈们的信念武装自己，我们就能无往而不胜。

翻读着书，思想在静默中游走。窗外传来鸟儿的鸣叫，抬头才发现小雨已停，暖暖的艳阳正照在窗前那盆红得像火一般的矮枫上，热烈烂漫，泼泼洒洒。远望，山峦、溪水、田间小路……在无边的视界中，铺展着的是那大块大块轰轰烈烈的金黄，秋天绝对是一幅饱蘸着生命繁华的画卷。

秋天，是瓜果飘香的季节；秋天，是农人收获的季节。放下手中的读物，想先烈，想农人，也想自己。先烈的信念，激发了后继者的斗志；农人的信念，收获了满仓的谷穗；而我，也唯有坚定崇高的信念，才能让自己的生命绽放出最灿烂的花朵，结出丰硕的果实。

有付出，就有收获！信念在，希望就在！

指导老师：方振彪

# 最可爱的人——方志敏

上饶市沙溪中学九（6）班　周泽楠

“人生自古谁无死，留取丹心照汗青。”恍惚间，嗅着淡淡墨香，我仿佛看见了——昏暗潮湿的牢房中，那双熠熠生辉的双眼，那流淌着海洋般广阔的赤诚的双眼，直直地冲向我的心，这刺目的鲜红终究在粗暴的吼声中涌开，漫延，以致穿过了岁月的桎梏……

他，出身于普通的贫农家庭，却以惊人的毅力和对广大人民苦难遭遇的无比同情，以区区的“两条半枪”，创建了赣东北革命根据地，建立了一支伟大的红色救国队伍。在无产阶级革命的奋斗路上，他智勇双全，成功领导了弋阳九区暴动和横峰年关暴动，创建了红十军；他英勇无比，坚决不用“公家钱”救妻；他怒诉庞云飞“收旗埋枪”的言论——他，一个精神上的伟人。

而他，仅仅如此吗？不，他亦有卓越的军事谋略能力。他巧设酒肉计，一举歼灭国民党靖卫团；他看准时机，数日就智取景德镇；他大摆地雷阵，沉重打击了敌人……像被注射了一剂剂兴奋剂般，我心潮澎湃不已——只为那人身着残破棉袄，脚踏黄瘠地，却以势不可当的浑厚嗓音呼喊着“共产党是我们的命根子”，倒在了这深沉的土地中央，我的心上。

除却他身为革命战士的忠勇，他亦是人民的公仆。他兴建列宁公园，为百姓谋得了一个强身健体、放松身心的好去处；他积极推广体育运动，举办了武术、足球等众多运动比赛。他，一直是百姓的保护神，百姓心中的“苏维埃”。

而这铮铮铁骨的汉子，尽管遭遇到国民党的无情对待与摧残，劝降、示众、关押……他却铭记并实践了自己“努力到死，奋斗到死”的誓言，并以惊人毅力在狱中写下《清贫》《可爱的中国》等恢宏的爱国诗篇。我几乎能想象，能看见，他临死前，那搏动着的——他一生为无产阶级共同理想而奋斗的心……

缓缓合上书页，天边染红的云霞，却有些刺目的苍凉。昔日毛泽东赞扬黄继光、邱少云等为最可爱的人，而我却想将这份殊荣献给那个为了可爱的中国而“鞠躬尽瘁，死而后已”的可爱的人——方志敏。

指导老师：张　琼

# 信仰，绝不动摇

上饶市广丰区实验中学九（6）班　吕含蕴

“敌人只能砍下我们的头颅，决不能动摇我们的信仰！因为我们信仰的主义，乃是宇宙的真理！为着共产主义牺牲，为着苏维埃流血，那是我们十分情愿的啊！”

——方志敏

在我们生活的二十一世纪，没有震耳欲聋的炮火与鲜血肆意的喷涌，没有无尽的颠沛流离与命运悲楚的捉弄。谁也无法想象我们这个受世界瞩目的伟大祖国，有一段任人宰割的辛酸历史。但谁也无法忘记，在20

世纪那个屈辱的时期，一代代伟人虔诚地坚持社会主义道路，直到生命的尽头。

他是社会主义的终身信徒，在死亡面前毅然选择他所坚持的信仰；他更是人民的守护神，一次次舍身相报，在敌人魔爪的压迫之下带领同胞们迈向光明。他，就是我们江西省弋阳县伟大的革命者——方志敏！

## 心存信仰，连战皆捷

作为社会主义的忠臣，方志敏从小就对社会主义有深刻的认识。那个时候的中国，还处于半殖民地半封建社会，方志敏目睹中华民族被外国殖民者欺凌，看在眼里，恨在心头；他深知中华民族需要一个明确的指导方向才能从困境中摆脱出来。于是，才华横溢的他不顾洋人校长劝留，放弃在基督教学校接受教育的机会，并于 1922 年 8 月加入中国社会主义青年团，大力宣传推广马克思主义、共产主义，取得巨大成效。1928 年 1 月，他参与领导弋横起义，大获全胜，创建赣东北苏区，领导中国武装工农红军第十军，并先后任赣东北省、闽浙赣省苏维埃政府主席，红十军、红十一军政治委员，中共闽浙赣省委书记。凡其所经之处，百姓拥戴。他把马克思主义普遍真理与赣东北实际相结合，创造了一整套建党、建军和建立红色政权的经验，连毛泽东都称其为“方志敏式”的根据地。

我们不得不佩服他优秀的领导才干，但最值得我们学习的，是他毫不动摇地坚持走社会主义道路的精神。“我已认定苏维埃可以救中国，革命必能取得最后的胜利，我愿牺牲一切，贡献于苏维埃和革命！”他的信仰留给后人永恒的典范。

## 坚定正气，凛然不屈

1935 年 1 月，组成北上抗日先遣队的红十军团在通过怀玉山封锁线时陷入敌人的重围之中，形势严峻。荒山僻野里，天寒地冻，万物衰殆，即使挨饿受冻，方志敏也没有放弃，坚持带领仅剩 800 余人的战士们翻山越岭，“吃不得苦，革不得命。苦算什么？越苦越要干！”

突围无望。天亮的时候，方志敏命令机要员把文件和密码烧掉，说：“党员无论什么时候都要保守党的机密。”有的战士有些灰心，方志敏严肃地说：“我们只是一支小部队，红军主力还在，胜利仍然是我们的。共产党是永远打不垮的！”一番言语，字字珠玑，战士们又对胜利充满了希望。

1935 年 1 月 29 日，由于叛徒出卖，方志敏在皖浙赣交界处的陇首村不幸被捕。国民党反动派抓住了方志敏，认为是“剿共”的一个重大胜利，便要在上饶举行一个庆祝大会。敌人把戴着手铐脚镣的方志敏带到了台上示众，方志敏傲视群敌，昂首挺立，正气浩然，似乎在向世界宣告：社会主义的革命种子定将冲破阴霾，伸向希望。上饶的劳苦大众眼睁睁地看着这个为他们创造希望的伟大的英雄被敌军拴以铁链，哀伤不已却又无力反抗，许多人低下了头，暗自落泪。

在方志敏入狱的那段日子里，他坚持用文字传达对社会主义至死不渝的追求，创作了《可爱的中国》《清贫》《狱中纪实》等代表性文章，爱国之心为天下所仰。他辛辣地揭露了社会现实的苍白，同时向我们传达了社会主义才是能够唯一引导我国取得进步的真理。

硝烟曾弥漫这片丰饶安康的土地，战火曾在遍地尸野的土地上熊熊燃烧。但正是因为有无数像方志敏一样的伟人，人民的生活才能安定至今，革命的种子才得以生生不息，社会主义的生命才可能延续。他们的心随人民的心的跳动而跳动，他们的血随革命的奔腾而奔腾，他们的灵魂随社会主义的丰盈而丰盈……中华民族铁打的筋骨与血脉，就是由无数的“星星之火”汇成烈焰而锻造的啊！

是的，这个时代需要一代代人坚定地追求信仰，需要一代代人不断传承方志敏精神。作为祖国的新一代，我们就是未来，就是新世纪里祖国光荣的建设者。方志敏在那个时候可以为了中华民族的复苏而泼洒热血，新时代的我们不求如此，但仍需要胸怀祖国，心向社会主义，在积极学习中得到人格与智慧的启迪。为了实现中华民族的伟大复兴，我们每一个人都是任重而道远的。但是，方志敏精神永远也不会消殆，它是一轮明日，引领我们走向未来——

“敌人只能砍下我们的头颅，决不能动摇我们的信仰！因为我们信仰的主义，乃是宇宙的真理！为着共产主义牺牲，为着苏维埃流血，那是我们十分情愿的啊！”

指导老师：张小仙

# 红色经典在我心中

弋阳县二中九（8）班　吴逸霏

“红军不怕远征难，万水千山只等闲……”1936年10月，红军一、二、四方面军在甘肃会宁胜利会合，结束了长征。

2016年10月，正是红军长征胜利80周年。

相距整整80年，从任人宰割到东方的巨龙，中国人民的腰杆从弯曲到挺直，暴风雨洗礼后是“火山喷发”。

作为一名“00后”，我从小就接受着“勿忘国耻，振兴中华”的思想教育，听过“洋装虽然穿在身，我心依然是中国心”的豪情歌曲，阅读过一本又一本红色书籍。耳濡目染，纵使出生于和平安宁的高科技时代，我也知道，我亲爱的祖国曾经狂妄自大、闭关锁国、一度落后，曾经被洋人的炮火毫不留情地轰炸，满目疮痍……

或许，老一辈们会说“90后”“00后”不懂珍惜，不知江山是不畏牺牲的革命烈士用鲜血打拼下来的。只知道挥霍潇洒，为了一个iphone、ipad去卖肾，KTV、酒吧、咖啡厅……处处有着“90后”“00后”的足迹。本应以读书为主要任务的学生却在学校里混日子，染上了社会上的不良恶习，打架斗殴……

我无法否认“90后”“00后”中存在的这些现象。但是，蹲下来，仔细听听：我们的内心不也有着对血肉的牵绊，对英雄的敬重与理解吗？

四渡赤水河、巧渡金沙江、飞夺泸定桥、强渡大渡河，面对寒冷高峻的雪山无所畏惧，穿过苍茫贫瘠的草地、跨过湍急如箭的河流……纵使鲜血浸染了家园；纵使曾经的繁华之地只剩断壁残垣；纵使炮火的硝烟弥漫了整个中国；纵使“绿杨烟外晓寒轻，红杏枝头春意闹”变为“髑髅皆是长城卒，日暮沙场飞作灰”。他们仍用生命捍卫祖国，用生命驱逐残暴的侵略者。

读《长征的故事》，未尝不被那些伟大的红军所具备的优秀品质折服，学习到长征精神！ 11岁的小女孩王新兰，用稚嫩的双脚走完了两万五千里的长征路，翻山越岭，爬山卧雪，为战友献歌献舞，鼓舞士气。这样的勇敢坚强与乐观，便是长征精神吧。

长征途中，曾有过“尝百草”活动。而有一次，部队来到了一个水草丰盛的沼泽边，水塘旁有一丛丛像萝卜叶的野草，张思德忙去尝了一遍，又甜又涩，过了一会，他便感到头昏脑涨，全身无力，大口呕吐起来，他急忙对人说：“这草有毒，快，快告诉……”话未说完，便晕倒了。把生的希望留给同志，把危险留给自己，这不也是长征精神吗?

长征路途上，多少英雄豪杰！他们像寒风傲雪的梅花，即使雪再大，风再狠，依然在漫天白雪中绽放出抹抹艳红。

我愿成为像他们一样的红梅，像他们一般坚毅。不论未来的压力有多大，风雨有多肆虐，也要昂首挺胸，像个巨人一样，活得漂亮!

我们将接任上一代人的使命，他们以自身的辛苦劳作，使科技发展,使中国像直冲云霄的火箭一般,飞速前进。我们不能落后，不要成为别人眼里的“啃老族”“月欠族”，而要高举着接力棒向前跑。学习长征精神，不怕牺牲、前仆后继、众志成城、团结互助、百折不挠、自强不息！将这些应用到实际生活中去，将我们的家乡——弋阳，建设得更美、更好!

也许，有人会认为中国曾经的衰弱，“东亚病夫”的屈辱，是令人无法抬起头的历史。但我想说，只有正视曾经的不足与失败，学会知耻，化屈辱为动力才会胜利。一个真正强大的人，从来不会害怕别人说自己曾经的失败，他们会用自己的成就来证明自己。一个国家同样如此。许许多多不争的事实足以证明："东亚病夫"仅是过往一瞬！

生病落下的课程需要花几倍的时间去补习，同样，多年的衰败耻辱也需要更多的努力去洗刷。让世界跨一步，中国跨三步！让中国真正成为东方的巨龙，腾飞在世界之林上，威震四方！

风霜雨雪，岁月蹉跎。距离长征的胜利已经过了 80 年，抬头挺胸，顶风迎雪走了 80 年。80 年的风花雪月，80 年的沧桑巨变，80 年的繁荣发展，中国早已拥有铁一般的胳膊与腰脚。她蓄满活力，赢来世人惊叹的眼神。

我是一名普通的初中生，我将红色经典镌刻在心里，不做落魄的失败者，学习长征精神，建设更美好的祖国和家乡！

指导老师：徐红英

# 英 雄 魂

## ——《诵读方志敏》有感

上饶市实验中学九（10）班　吴婧雯

几缕残阳被无边的黑暗所吞噬，黯淡的烛光照射在残损的泥墙上。

他停下笔，稿纸上鲜明的“共产党万岁”，令他陷入了深思，忙忙碌碌了一辈子，自己的初心却仍旧未变。

“华人与狗不得入内！”

法国公园外，方志敏看着那块象征着中国屈辱的木牌，心中的怒火与愤恨感无处可发。

“这算什么！在中国的土地上任凭外人的凌辱！”同行的穷书生愤愤不平。

方志敏默默不语，回想起以往外国的各种人士在华的种种嚣张跋扈和那令无数华人蒙羞的木牌，心中一直深藏的爱国情在一瞬间放大。

他意识到，如今的政府再也不值得依靠，中国应有一条崭新的道路，在那一刻立下的坚定的思想，筑成了他一生所坚持的信仰。

“方先生，他们来收稿了！”声音传来，方志敏自然知晓他们指的是谁，收回了思绪，迅速将稿纸藏好。

一群人鱼贯而入，检查着他以写不出来的理由而如数上交的白纸……

一切结束后，狱内又恢复了冷寂，一声长长的叹息声响起，方志敏将藏匿好的稿纸重新拿出，自嘲地想起，从前，他也是这样和白军斗智斗勇的，不过，自己却从未如此狼狈过。

围剿之下，势力薄弱的工农红军退守山林，望着山下被洗劫一空的村庄，方志敏紧锁眉头，一场联席会议在夜色中悄然开始。

“我劝各位别坚持了！就凭这 20 多支枪，这红旗能打下去吗？”

“那群众呢？还有这些枪呢！”

“咱们埋枪吧！至于群众嘛，我可没想这么多。”

“这是逃跑，我们可不会像你一样贪生怕死，不管群众死活。”

方志敏静静地听完两方的争执，开口道：“我们决不能放弃！我们要与群众在一起，生死与共，不离不弃！”

翌日午时，金鸡山脚下，红军严阵以待，士气高涨，靖卫团卸枪休息的瞬间，红军摇旗呐喊，杀气振天。

方志敏力挽狂澜，赣东北革命根据地终于转危为安。

他望着四周，心中泛起一丝涟漪，心中一阵酸涩，一次的失败，竟断送了自己一辈子的豪情壮志。

人们望着装甲车上被戴上手铐脚镣的方志敏，沉默不语，没有国民党军官所预想的欢呼声，只有他脸上毫无畏惧的神情面对着人们的尊重与同情。

他望着人们同情的眼神思考着，自己为何会被同情，恍然大悟，自己因北上抗日，深入敌军腹地，与主力部队一起被困于怀玉山，终究无力回天。

勇士们的鲜血与白雪交融，忠魂与青山为伴，在怀玉山脉之巅竖起了一座血染的丰碑。

他觉得遗憾，遗憾千百条生命被冰封于白雪皑皑中，遗憾自己就此再也不能为国效力。

但他从未感到后悔，他不后悔，也不害怕是否下一秒他便与那无数的勇士一般，永远地葬于黑暗之中。

狱中那黯淡的火光依旧在墙上摇曳不止，方志敏的信仰，也如那火光，虽然黯淡，却照亮了所有人的内心。

指导老师：廖永红

# 最可爱的人

余干县龙津初中　盛熙妍

看完《可爱的中国》，心里充斥着感动，更多的是钦佩。这是一本在监狱中完成的书，方志敏烈士生长在灾难深重的旧中国，为了拯救祖国，参加了革命，不幸被捕。他在狱中宁死不屈，他用最饱满的深情和最美好的语言描绘着我们祖国的未来，令人激情澎湃，他是最可爱的人。

《可爱的中国》中没有豪言壮语，处处是作者情感的自然流露，处处是晓之以理、动之以情。让我感受最深的是，入狱后，方志敏在狱中写下这样一首诗：“敌人只能砍下我们的头颅，决不能动摇我们的信仰！因为我们信仰的主义，乃是宇宙的真理！为着共产主义牺牲，为着苏维埃流血，那是我们十分情愿的啊！”人不能没有信仰，没了信仰的人是最脆弱的，如同没有地基的房子一般，一推就倒了，只有肉体，却再也拼不起完整的灵魂。

在生与死、在一次次信仰的交锋中，我仿佛看见了方志敏步履艰难的背影、蓬乱的头发、清瘦的身躯。《可爱的中国》深深地吸引了我，方志敏烈士对祖国的深情和不屈的意志深深地打动着我，激励着我。作为一名新时期的中学生，我们一定要好好学习，将来报效祖国！

指导老师：张小燕

# 后 记

今天我们缅怀方志敏同志，学习方志敏精神，就是要秉承方志敏同志坚定的理想信念和崇高的革命情操。让我们把对革命先辈的深切缅怀转化为推动经济社会发展的崇高使命，转化为围绕中心、服务大局的自觉担当，以奋发有为的精神状态，积极投身于“全面建成小康社会”的伟大实践，为实现江西“五年决战同步全面小康”的奋斗目标,为实现中华民族伟大复兴的“中国梦”，不忘初心，继续前进。方志敏的著作、方志敏的事迹与精神，仍然熠熠生辉，需要我们倍加珍惜和大力弘扬。江西省上饶市是方志敏的家乡，也是方志敏长期战斗和生活的地方，学习好、弘扬好方志敏精神，是上饶儿女义不容辞的责任。

《心中的方志敏》一书的出版，有七个重大意义：一是江西的光荣与骄傲。江西省上饶市是方志敏赣东北革命的策源地、方志敏根据地的中心、闽浙皖赣革命根据地的重镇。上饶也是革命的摇篮、老区，方志敏纪念馆是全国爱国主义教育基地，上饶各届领导为宣传方志敏做出了杰出贡献。二是上饶市方志敏研究会的多年心愿。上饶市方志敏研究会的同志都有一个心愿，让方志敏的著作、方志敏的故事走进青少年的课本、课堂、书包，让方志敏精神一代代传承下去。这本书紧跟时代的步伐，领悟中央精神，弘扬以爱国主义为核心的民族精神。三是撰稿人心血的结晶。这本书收集了获奖征文 42 篇，是上饶市十二个县（市、区）中、小学师生的心血结晶。这些学生内心敬仰方志敏，把方志敏的故事重新生动地表述出来。依据历史事实，客观再现方志敏的人生轨迹，用生动的语言和故事情节吸引读者。这是又一次创作的新成果，上饶市委宣传部、上饶市教育局、新闻出版界的同志们精心策划、设计、审定，鼎力支持，为本书的出版做出了很大的贡献。四是播种下英雄理想信念的种子。五是做读者的贴心朋友，给青少年读者提供更多的写作知识和技巧。六是帮助老师和长辈进行教育和辅导。七是民族复兴的希望。让青少年了解历史、不忘历史，在诵读经典中走进真实的方志敏，做方志敏精神的光荣传承人。

本书从策划、采编到成书出版历时一年，在江西人民出版社的大力支持下，得到了上饶市委宣传部、上饶市教育局、上饶市方志敏研究会及方志敏烈士家属等专家、学者的帮助，才完成本书的编撰工作。在此，对付出辛勤劳动的各界人士表示感谢。

由于篇幅有限，我们在编辑出版过程中只能选取42篇文章，难以全面展示上饶市十二个县（市、区）的中小学生的风采。在今后的工作中，我们将不断搜集更多的学生作品，继续为广大读者出版更多好书,欢迎广大读者向我们投稿。同时,由于时间仓促，本书难免存在一在定的瑕疵，敬请读者批评斧正。

龚小春

2018年3月

**图书在版编目（CIP）数据**

心中的方志敏："重走志敏之路 弘扬长征精神"读书征文活动优秀作品选 /《心中的方志敏》编委会编. —南昌：江西人民出版社，2018.2

ISBN 978-7-210-08457-0

Ⅰ. ①心… Ⅱ. ①心… Ⅲ. ①作文－中小学－选集 Ⅳ. ① H194.5

中国版本图书馆 CIP 数据核字（2018）第 039460 号

**心中的方志敏："重走志敏之路 弘扬长征精神"**
**读书征文活动优秀作品选**

《心中的方志敏》编委会编

策　　划：宗林林　黄心刚　罗安瑜
责任编辑：杨　帆　饶　芬　伍四美
书籍设计：元明设计
出　　版：江西人民出版社
发　　行：各地新华书店
地　　址：江西省南昌市三经路 47 号附 1 号
编辑部电话：0791-88629871
发行部电话：0791-86898815
邮　　编：330006
网　　址：www.jxpph.com
2018 年 2 月第 1 版　2018 年 2 月第 1 次印刷
开　　本：787 毫米 × 1092 毫米　1/16
印　　张：8.5
字　　数：150 千
ISBN 978-7-210-08457-0
定　　价：20.00 元
承 印 厂：江西省和平印务有限公司
赣版权登字—01—2018—157